用舌頭代替拳頭 全集

罵人不必帶髒字的幽默智慧

柏登曾經寫道：「用舌頭罵人，不如用腦袋罵人。」因為，只會用「舌頭」罵人的人，嘴中容易出現一些情緒性的不雅字眼，雖然可以抒發自己一時的情緒，但是卻無法有效解決問題，相反的，懂得用「腦袋」罵人的人，卻可以讓自己不必在口出惡言的情況下，輕鬆地達到罵人的目的。

詹姆斯曾說：「當對方以為你一定會罵他的時候，你卻一言不發，往往是最高明的罵人方式。」的確，在該罵人的時候，卻保持異常的沉默，往往要比你口出

《罵人不必帶髒字》系列暢銷作家

文彥博 編著

出 版 序 ●文彥博

罵人不帶髒字的幽默智慧

 在現代的日常生活中，我們屢屢見到令人不滿或生氣的事情，這時，「罵人不帶髒字」的批評方式就可派上用場。

隆巴迪曾經寫道：「用嘴巴罵人，每個人都會，但是用腦筋罵人，就不是每個人都具備的本事。」

如果你光會用嘴巴罵人，通常會口不擇言，讓被罵的人認為你滿腦子偏見又沒有修養，但是，如果你懂得動腦筋罵人，卻會讓被罵的人認為你「對事不對人」，罵得很有道理。

罵人不一定要用髒話，開罵之前，一定要先動點腦筋，既指出對方的錯謬，又不致讓對方惱羞成怒。

荷姆斯曾經寫道：「誇人只需要舌頭，罵人卻需要智慧。」

的確，鐘的完美不在於走得快，而在於走得準確；罵人的話不在於髒，而是在於是否切中被罵人的要害……

漢武帝即位之後，開始討厭撫養自己長大的乳娘，嫌她好管閒事，事無大小都囉哩囉嗦，後來便決定將她趕出宮外。

乳娘在皇宮住了幾十年，當然不願離開宮廷生活，在無可奈何的情況下，便向漢武帝身邊的紅人東方朔求助，希望他能幫忙說些好話緩頰。她把事情告訴東方朔後，東方朔安慰她說：「這

沒什麼困難，只要妳向皇上辭行的時候，回頭看皇上兩次，我就有辦法了。」

東方朔以機智幽默著稱，是清朝大文人紀曉嵐最推崇的人物。

他深知漢武帝是乳母一手撫養大的，乳母對他的恩情勝似生母。但是，乳母也有不是的地方，喜歡多嘴饒舌，尤其是漢武帝即位後，已經貴為一國之君，她卻不知收斂，常常毫不客氣地指出他的缺失，使得他下不了台階。

但不管怎樣，乳母終究是乳母，雖有小過錯，還不至於非把她趕出去不可，因而東方朔決意幫助乳母。

到了送乳娘出宮的日子，乳娘叩別漢武帝後，滿眼淚水，頻頻回頭向武帝看幾次。

這時，東方朔乘機大聲說：「喂！乳娘，妳點快走吧！皇上早已經長大，用不著妳餵奶了，妳還擔心什麼呢？」

漢武帝一聽到此話，心弦不禁一震，感到十分難過，想起自己是乳母餵養長大的，而且她又沒犯什麼重大過錯，就立刻收回成命，讓她繼續留在宮中。

東方朔不愧是處理人際關係的高手，如果他直接向漢武帝進諫，搞不好會使漢武帝惱羞成怒，反而把事情弄得更糟。

他採用「指桑罵槐」的策略，輕鬆地達成目的，可謂「罵人不帶髒字」。

其實，在現代的日常生活中，我們也屢屢見到令人滿或生氣的事情，然而，在某些公眾場合，或因為事情的敏感性，或涉及某些身貴名顯的人，或考慮到別人的自尊心，不便公開地直接罵人，這時，「罵人不帶髒字」的批評方法就可以派上用場。

　　當然，罵人並不是面對事情的最好方式，有時以讚美、鼓勵的方式來激發對方的優越心理，也是不錯的「滲透」方式。

　　我們在日常的社交活動中，總難免遇到一些令人難堪的窘境和難以回答的問題。這時候該如何說話最恰當？

　　大原則應該是明辨事理，說話得體；該直言則直言，該含糊就含糊，該超脫就超脫。總之，從實際出發，視情況而定。但是，有一點要特別注意：當有人故意給你難堪，並使你的感情受到傷害，你可不要只顧著氣憤，更不要大發雷霆去硬碰硬，那樣只會使矛盾激化，鬧得兩敗俱傷。

　　當然，你也不可只張口結舌、滿臉羞紅，使對方覺得你軟弱可欺，那樣他可能會變本加厲地嘲弄你。

　　你必須頭腦冷靜地控制自己的情緒，運用語言的藝術，尤其是以急中生智的幽默感去對付。

　　「罵人不帶髒字」的幽默智慧，是社交的救生圈。

　　英國作家司各特曾經在《雜文集》裡寫道：「充滿機智的幽默是多麼艷麗的服飾，又是何等忠誠的衛士！它遠遠勝過詩人和作家的智慧，它本身就是一種才華，能夠杜絕所有的愚昧。」

　　當然，也可能對方並非惡意，有時候是無心之過。不論如何，你應該牢記的是，無論遇到哪種情況，「保持冷靜」的大原則是恰當得體。

　　最高明的罵人方式就是不帶任何髒字，但所說的話卻比髒話還要有效。想到達這個境界，關鍵就在於是否懂得罵人的藝術。

　　本書《用舌頭代替拳頭全集》是作者舊作《罵人不必帶髒字3》與《罵人何必帶髒字？》的全新增修合集，著重如何用幽默、婉轉的方式表達自己的意思，除了針對內容進行刪修之外，另外也增加了十篇新稿，謹此說明。

C ONTENTS

Chapter 3
對付老頑固，要軟硬兼施

固執並不等同於是非不明，
也不是說觀點絕對不能改變，
「軟硬兼施」、「冷熱戰術」
都是證明行之有效的謀略。

Chapter 4
據理力爭，不一定要大聲

據理力爭不一定要大聲，
如果可以藉機製造和樂的氣氛，
使大家放下彼此之間的敵意，
豈不更有機會「爭」到手嗎？

C ONTENTS

Chapter 5
用對方的邏輯解決問題

當我們遇到固執己見的對手，
費盡唇舌也難以說動時，
應該順著對方的思路與邏輯，
才可能動搖得了他的想法。

Chapter 6
言語溫和勝過尖銳指責

人際相處，不可避免會有一些不愉快的事情發生，
面對這種情況，要少些批評、多些理解，
讓自己的溝通能力更上一層樓。

Chapter 7
以自責代替斥責

責人時引出自責，往往會收到更佳的效果。
同時也要注意切莫帶有諷刺意味，
否則只會帶來反效果。

Chapter 8
罵人也要罵得很有創意

臉紅脖子粗地罵一些大家都會罵的話，
未免太沒有創意，
也不能把「髒話」罵進對方的心坎裡，
讓對方欣然接受。

C ONTENTS

Chapter 11

面對打擊，要優雅反擊

不管面對什麼樣的人，
柔中帶剛又不失風度的應對方式都是最好的回應，
不只能展現氣度，也能給予有效的反擊。

Chapter 12

運用幽默智慧化解誤會

人際溝通其實一點也不難，
只要我們不情緒化，
能理性並寬容對人，
那麼所有人都會是人際溝通的高手。

Chapter 1

為批評裹上
幽默的糖衣

幽默式的批評能讓場面變得輕鬆、有趣，

使被批評者輕易地接納你的批評，

進而去思考自己不當的行為，

改善自己的缺點。

照著對方的模式演練一次

再怎麼苦口婆心地勸說，都不會有顯著的效果。這時候，就必須發揮「罵人不帶髒字」的功力，照著對方的思維邏輯、行為模式推演，讓他知道自己所犯的錯誤。

遇到自己看不慣的事情，很多人都會疾言厲色痛罵對方。

不過，這不是最好的做法。說話一定得看場合、看時機，權衡自己說出這些話後的利弊。

如果說話不看場合，不講究方式、方法，也不考慮結果，往往會替自己招來無謂的麻煩。

事實上，提出建議或批評對方的錯誤，並沒有那麼困難，有時候只要照著對方的行為模式演練一次，就能發揮「罵人不帶髒字」的效果，讓對方幡然徹悟。

古時候，有個名叫孫元覺的少年，不僅非常孝順長輩，在待人處事上的拿捏，也經常比大人們更勝一籌。

然而，敬重長輩的他卻有個很不孝的父親，孫父對於他的父親不僅惡言相向，甚至恨不得他的父親早日歸西。

因為，孫元覺的祖父年老多病，長年躺在床上，無法幫忙孫父處理日常事務，讓不知孝道孫父看了深感厭煩，常常抱怨自己的老父親：「只會吃，不會做事，真是個老廢物。」

有一天，孫元覺看到父親把祖父抱到一個土筐裡，接著用小

車將他推出門外。孫元覺著急地跟了出去,接下來的畫面更讓孫元覺得痛心不已,因為他的父親竟然想將老祖父棄置山林。

孫元覺看見父親這舉動,連忙向父親哀求:「爹,讓祖父跟我們回家吧!」

但是,狠心的孫父對兒子的苦苦哀求,卻完全置之不理,鐵石心腸的他堅持要將小車推上山去。

孫元覺見狀,一點也不願放棄,緊跟在他們身後,並邊走邊哭喊著:「爹,帶祖父回家吧!」

但是,不管孫元覺怎麼請求,孫父仍不為所動,一到山林裡便將祖父連著土筐一起扔在地上,然後準備轉身回家。

就在這個時候,卻見孫元覺一面哭,一面把丟在地上的土筐撿了起來,然後放回父親的推車上。

父親一看,滿臉厭煩地說:「快把那個土筐丟了,那是個晦氣的東西,你把它放回車上做什麼?」

說完,孫父伸手準備將土筐丟到地上。

這時,孫元覺連忙阻止,說道:「爹,別把它給扔了,我還有用處。」

孫父不解地問:「要它做什麼?」

孫元覺不慌不忙地對父親說:「我想,這個土筐還很好用,不妨把它留著。將來,等您也像祖父那樣老時,我也將您裝在裡頭,然後帶您來陪伴祖父。」

孫父聽見兒子這番話,心頭一震,萬分悔恨湧上心頭,只見他紅著眼眶,回頭將老父親抱了起來。

在人生的過程中,對於人事物的放下與珍惜,每個人一定要拿捏得恰到好處,更不可違背良知,因為任何偏失,我們都必須

承擔未來的損失與後果。

　　然而，當局者迷，面對別人的錯誤決定和不當行為，有時候再怎麼苦口婆心地勸說，都不會有顯著的效果。這時候，就必須發揮「罵人不帶髒字」的功力，照著對方的思維邏輯、行為模式推演，讓他知道自己所犯的錯誤。

　　就像孫元覺的父親一般，不論好說歹說，他都不認為自己有錯，如果不是孫元覺及時發揮「罵人不帶髒字」的機智，阻止了父親的棄父行為，並暗諷著「上行下效」的仿效可能，孫父恐怕仍然執迷不悟。

用心理戰術讓對方原形畢露

平時別做虧心事，別以為那只是小事，或是以為可以蒙混過關，因為，躲得過別人的法眼，也躲不過自己的良心譴責。

很多時候，我們無法憑表面去判斷一個人，因為在陽光照射得到的地方，奸猾的人總是和一般人一樣，甚至表現得更加坦蕩，一副不貪不取的模樣，而在黑暗的角落，他們卻是男盜女娼，露出壞事做盡的原形。

想讓作姦犯科的人原形畢露，用斥責、痛罵的方式是行不通的，必須巧妙地運用一些心理戰術，才能讓他們俯首認罪。

南北朝時期，有個小農莊中的雞群全被偷了，農夫立即前往衙門報案。當時的縣令名叫苻融，是前秦朝中頗有威望的縣令。

苻融接下了案子之後便立即審理，首先找來農夫的左右鄰居，一一盤問，但是，每一個人都有成堆的理由為自己辯解，沒有人承認偷雞。

苻融心想：「這樣問下去也問不出個所以然來。」

過了一會兒，苻融將他們全叫到堂前審問，只見他們一一跪著，並仔細地將苻融的問題再回答一次，不過，他們卻發現苻融似乎已經對此案興趣缺缺了。

果然，他們一一回答完畢後，苻融便結束了這件案子，旋即

開始審理別的案件了。一行人窮極無聊地跪在堂下，靜靜地等待其他案件審理完畢，這時，符融露出一副十分疲倦的模樣。

「啪！」符融忽然用力地拍了一下驚堂木，接著便對著台下的那些人說：「回去吧！今天不再審了！」

眾人一聽，全都露出「如釋重負」的神情，紛紛都起身準備離去。

就在這個時候，又是「啪」一聲，案桌上再次出現巨響，符融大聲喝道：「你這個偷雞賊也敢站起來啊！想溜嗎？」

沒想到，其中一人竟「撲通」一聲，立即跪倒在地上。

符融大聲地斥喝道：「你已不打自招了，還不快把偷雞過程從實招來！」

那個小偷果然是偷雞賊，在符融威嚴的拍喝聲中，下意識地跪了下來，當然也露出了原形，知道已經蒙騙不了了，只得如實招供。

犯罪後，不管罪犯表面佯裝得如何鎮靜，內心總是惶惶不安的，即使能蒙混過關，還是要天天擔心會有露出馬腳的一天。

故事中，符融應用了十分巧妙的心理戰術，捉緊了犯罪者的「心理不安」推演，先鬆懈他的心理防備，再找到最好時機一點擊破，如此一來不需要嚴刑逼供，便可令犯罪者自己露餡。

相對的，這個故事也提醒我們，平時別做虧心事，別以為那只是小事，或是以為可以蒙混過關。因為，躲得過別人的法眼，走在路上，你也會覺得別人的眼神充滿懷疑與鄙疑。

與其爭執，不如幽默地點出事實

 用簡單扼要的一句話點出事實，既可以讓他明瞭自己的心理缺陷，也能達到「罵人不帶髒字」的效果。

一個人的心眼和氣度決定了看事情的角度，角度一旦偏差，就很難再輕易地提起放下。

一個人的眼界，決定了他眼中的世界。面對那些眼光狹隘、主觀意識濃厚的人，爭辯並不是最好的方法，也不會有什麼好結果。這種時候，應該透過幽默的手法，讓他們知道他正帶著有色眼鏡看人生。

有兩個和尚，為了化緣而日行百里路，並且當作一種修行。

一天，這兩名和尚來到了一條河邊，看見一位年輕貌美、身材曼妙的女子焦急地站在河邊，望著湍急的河水一籌莫展。

這條河原本有一座小橋，但由於連日來大雨沖刷，使得小橋斷裂傾圮，除了涉水過河之外，完全沒有其他的辦法。這時，偏偏水深及肩，水勢又大又急，一個女子想要涉水渡河，簡直是拿生命開玩笑。

女子見了兩位和尚，彷彿看到了救星一般，連忙懇求兩位大師幫忙。眼看著天色就要暗下來了，水流滔滔，來勢洶洶，於是其中一位身材高大的和尚二話不說，就背起了那名女子，一步步

慢慢地涉水過到河的對岸。

　　女子感激不盡，再三答謝和尚仗義相助，並趁著天色還沒有完全暗下來，快步地走回家去了。

　　女子走遠之後，身材較矮小的和尚立即發難，火冒三丈地說：「我們出家人不近女色，你竟忘了師父的教誨，還有資格稱做佛門子弟嗎？」

　　另一位和尚聽了這番指責並不生氣，只是緩緩地笑著說：「師兄，我老早就已經把她放下了，你怎麼還背著她呢？」

　　簡單的一句話，說得矮小的和尚面紅耳赤。

　　一個人用什麼角度看世界，世界就會呈現什麼面貌。

　　矮小的和尚戴著有色眼鏡看待別人，即使是坦蕩蕩的舉動，在他眼裡也不怎麼光明磊落，其實最不光明磊落、心存色心的人正是他自己。

　　不少人的眼睛都有一副隱形的有色眼鏡，戴著眼鏡看人看事，總是多了一些偏執和成見，不僅參不透事情的真理，也使人與人之間增添不少紛爭。

　　喜歡戴著有色眼鏡看人看事的人，內心總是充斥著不滿、嫉妒和見不得人的心思。和這種人爭執、辯論是毫無意義的，何必和他一般見識？不如學學故事中身材高大的和尚，用簡單扼要的一句話點出事實，既可以讓他明瞭自己的心理缺陷，也能達到「罵人不帶髒字」的效果。

指正別人的錯誤，不一定要用責備

人好面子，也愛競爭，即使明明知道自己犯錯，為了面子也總是死不認帳；有時禁不起別人的責備，乾脆惱羞成怒。

日常生活中，因為火辣辣的說話方式惹出風波的事情實在太多了。其實，想要指責別人不對，不一定要高聲責備。

幽默是人際關係的潤滑劑，某些時候利用幽默來表達自己對對方的不滿，也是一種不錯的方法。

這天，一位婦人匆匆走進肉店，毫不客氣地喊道：「喂！老闆，給我一百元給狗吃的牛肉。」然後，她轉身向另一名等待的婦人說：「妳不會介意我插個隊吧？」

只見那婦淡淡地回答：「當然不會，既然妳那麼餓了，讓妳先買無妨。」

當面指正別人的錯誤固然顯得剛直、耿介，但是得饒人處且饒人，犯不著動輒嚴詞厲語。

只要懂得說話的藝術，勸人改過遷善其實可以不多加指責，有時和緩的方法反而能達到比較好的效果。

陳老闆最近新請來一位女秘書，這位女秘書談吐大方，態度

謙和，辦事效率也不錯，只是，她的中文根基不太好，老是分不清「的」、「得」、「地」的用法，還習慣亂用成語，錯別字也很多。

她處理的文件常常一頁就出現了十幾個錯誤，連一些應當慎重的商業信件也錯誤連連，寄到客戶的手上難免貽笑大方，嚴重影響公司形象。

陳老闆對於她的無心之過並沒有嚴加指責，只是拿出打好的文件，心平氣和地告訴她：「這裡好像不是這樣用，妳確定這樣對嗎？」

然後，他拿出一本字典，仔細地查出正確的用字用語，對女秘書說：「我也常常搞不清楚怎樣用才是正確的，所以不確定的時候，我都會查字典確定一下，因為這個很重要，是別人用來評價我們公司一部份。」

陳老闆以身作則，同時顧全了女秘書的面子，清楚地讓秘書知道事情的嚴重性，並建議她改進的方式。

果然，這位女秘書不僅在用字上沒有再犯錯，對一些細節也更加注意，不用多久時間，便成為陳老闆得力的好幫手了。

有人認為指正別人的錯誤，本來是天經地義的事，只有這樣才能精益求精。但是，看在被指正的人眼裡，可完全不是這麼回事，善意的糾正變成了「吹毛求疵」、「不留情面」，很少不會擺出臭臉面對。

應該指正的事，當然必須指正，但是也別忘了人性心理的微妙，更多時候，要使用婉轉的方法。

人好面子，也愛競爭，即使明明知道自己犯錯，為了面子也總是死不認帳；有時禁不起別人的責備，乾脆惱羞成怒，翻臉無

情，這就是人性的弱點啊！

　　既然知道了，又何必處處向人性的弱點挑戰呢？把雙方的關係鬧僵了，對自己又有什麼好處？

　　不妨繞個圈、拐個彎，只要可以達到相同的目的，為何一定要逞一時的口舌之快呢？

　　想要指正別人的錯誤，不一定要用責備的方式，開口批評之前，一定要先動點腦筋，如此一來，才能既指出對方的錯謬，又不致讓對方惱羞成怒。

　　就算對方實在太離譜，真的忍不住想罵人，也不一定要用髒字，你其實可以選擇更好、更有效的方式。

遇到「猴子」，你只能認輸

與其浪費唇舌和「猴子」講道理，爭得臉紅脖子粗，倒不如用一些「指著禿驢罵和尚」的諷刺手法，讓他知道你的觀感。

「良藥苦口利於病，忠言逆耳利於行」，這是大家都知道的道理，但正因為忠言通常難以入耳，所以不少人聽了會惱羞成怒，甚至有些「猴子不知屁股紅」的人還會認為別人刻意侮辱、誹謗。

因此，當你要為他人獻忠告或給予批評、指責之時，必須用用腦袋，管好自己的嘴，話既要切中要害，又要說得婉轉。

有一個面相專家相術十分高明，不過，鐵口直斷的他卻有張不善變通的嘴。

無論相面者的情況如何，他一律不加潤飾，直言說出。因此，來算命的人經常因為他的話太過直接而和他起爭執。

這天，當地有個慕名而來的鄉紳來找他看相。只見相士看了許久之後，緩緩地說：「大人耳小頭禿，唇翹齒露，就像……」

不知道什麼原因，相士忽然停在這裡，接下來的話想必令人不舒服。

然而，好奇心已經被挑起的鄉紳，卻不住地問他：「像什麼？你快說啊！別賣關子了，你放心直說無妨，只要您說中了，必定重金答謝。」

相士問：「是嗎？直說無妨？」

「是啦！到底像什麼？」鄉紳著急地問。

「像隻猴子！」相士大聲地說。

只見鄉紳滿臉漲紅地怒道：「猴子？」

「是啊，是您要我直說的！」相士立即為自己辯護。

但是，被狠狠嘲諷的鄉紳卻怎麼也不能接受：「你這個四處騙吃騙喝的江湖郎中！來人啊！給我綁起來，狠狠地痛打這個可惡的騙子！」

管家眼見苗頭不對，立刻對相士說：「哎呀！你這個人怎麼這麼不識相，我家老爺從來只聽奉承話，只要你立即再說幾句好聽話，不僅能免去這頓棍棒，說不定還有豐厚的賞錢可拿呢！」

相士點了點頭，接著向管家哀求說：「只得勞煩管家您為我求情了，請老爺讓我重新看一次吧！」

管家點頭，便向老爺稟告：「老爺，那個相士剛剛因為被老爺的威儀所嚇，一時緊張，以致於相錯了結果。懇請老爺大發慈悲，再給他一次機會吧！」

鄉紳一聽，只得命令道：「好吧！把他放了。」

不一會兒，相士跟著管家，再次來到鄉紳的面前看相。

但是，相士左右端詳了老半天，最後竟然說：「您還是把我綁起來吧！」

看著鄉紳聽見「實話」的窘態，想必許多人忍不住大笑吧！

許多喜歡別人阿諛奉承的人不正是這樣？聽見好聽的話，他們便會直呼「好準」，如果直指缺點，必然心生不悅，認為別人刻意中傷。

其實，人類世界原本就充滿欺騙，不只存在著騙人的把戲，

更不斷地上演著自欺欺人的戲碼，不是嗎？

　　既然如此，有些會惹人惱怒的話，還是不要說比較好。

　　故事中的鄉紳聽見相士直言不諱，不僅不能接受，更沒有勇氣面對自己的短處。還到這樣的人，再誠懇的批評、建議都沒用，與其浪費唇舌和「猴子」講道理，甚至爭得臉紅脖子粗，倒不如用一些「指著禿驢罵和尚」的諷刺手法，讓他知道你的觀感。

　　馬不知臉長，猴子不知屁股紅，無論多麼客觀的話語，始終都敵不過人們心中的主觀認知。遇到「猴子」，你只能認輸，又何必硬要拿自己的熱臉，去貼猴子的「紅屁股」？

用幽默將挫折變轉折

幽默，是一瓶洗滌痛苦和煩惱的高效能除污劑。人生有許多無可避免的挫折，只有幽默，才能把這些挫折化為轉折。

傳統教育下的東方人堅信「不重則不威」，因此較不注重幽默感，但是在西方，有沒有幽默感常是判斷個人修養高低和處世能力重要的一環。

能在尷尬場面中用幽默化解難堪，往往會被認為是最聰明、最有能力、最有人緣的人。

林肯便是歷屆美國總統當中最具幽默感的人，他的幽默贏得許多讚賞，被後人稱為「一代幽默大師」。

有一天，林肯正要上床休息，突然接到一通電話，電話那端的人請示他說：「稅務主任剛剛去世，能否讓我來接替他的位置？」

林肯認為對方資歷不足，但並未嚴詞拒絕，只是幽默地回答說：「如果殯儀館同意的話，我個人不反對。」

簡短一句話就巧妙地婉拒了對方。

又有一次，林肯在台上演講時，收到台下傳來一張紙條，上面只寫了一個斗大的字：「笨蛋。」

林肯面對辱罵，非但沒有一絲不悅，反而高舉著這張紙條，

面帶微笑地說：「我身為總統，經常收到許多匿名信件，大部分都只有正文，不見署名。然而，這位傳紙條給我的老兄正好相反，他真是糊塗透了！只顧著寫上了自己的名字，卻忘了寫內容！」

幽默對生活確實有許多好處，林語堂在《論幽默》一書中便說：「幽默是人類心靈的花朵。」

黑格爾說：「幽默是豐富而深刻的精神基礎。」

康德認為：「幽默是理性的妙語解頤。」

著名的精神分析大師弗洛伊德則告訴我們說：「最具有幽默感的人，是最能適應環境的人。」

幽默，不只是為了帶給別人歡樂，更是一瓶洗滌生活痛苦和處世煩惱的高效能除污劑。人生有許多無可避免的挫折，只有具備幽默感的人，才能輕鬆面對難堪，把這些挫折化為轉折。

活在現代社會，免不了要與形形色色的人打交道。人際交往的目的，就是要透過種種方式、手段，加強自己在公眾面前的良好形象，因此，「幽默的說話方式」可說是每個人不得不研究的一項學問。

幽默是一種藝術，可以用來增進自己與他人的關係，也可以使人從令人發窘的問題中或尷尬的時刻裡脫身。

據說，某位企業領導人到香港創辦新公司之時，由於他的投資行為受到各方重視，因此一下飛機就有大批記者要採訪他。其中一位香港記者毫不客氣地問：「你這次帶了多少錢來？」

這名領導人一見發問者是位女士，便答道：「對女士不能問歲數，對男士不能問錢數。小姐，妳說對嗎？」

　　簡單一句話既回避了問題，又具有幽默感。

　　比起支支吾吾地掩飾，或是擺起架子、板起臉孔地拒絕回答問題，這種善用幽默的回答方式不知強了多少倍。

　　在這個注重自我行銷的商業社會裡，說話已經成為一門不得不學的藝術，因為，增強說話能力，更容易達成自己的目的。

　　化解矛盾的最有效方法就是幽默，面對惱人的事，與其憤怒地破口大罵，還不如想辦法用幽默的角度看待。只要適時運用幽默的方法，就能避免彼此爭論、對立，而且可以使對方瞬間恍然大悟，理解自己犯下的錯誤。

為批評裹上幽默的糖衣

 幽默式的批評能讓場面變得輕鬆、有趣，使被批評者輕易地接納你的批評，進而思考自己不當的行為，改善自己的缺點。

想要成為一個傑出的領導者，必須具備幽默感，不得不批評部屬的時候，更要設法加點幽默。只要懂得這個竅門，許多管理難題都會迎刃而解。

一個管理者最大的忌諱就是聲色俱厲地批評部屬，使他們覺得自尊心受到羞辱，如此只會讓部屬和自己設定的目標背道而馳。

但是，培養幽默感並非易事，運用之時更要看場合。

若把握得不好，往往會使批評帶有諷刺的意味，反而使被批評者心生反感；但只要運用得當，常會有意想不到的效果。

例如，我們可以針對別人的錯誤說一個含有啟迪意味的幽默譬喻，從側面提示對方的錯誤與不當的行為，使他在笑聲和輕鬆的氣氛中反省自己的過錯。

以下這個小故事正是幽默運用得當的好例子。

有一次，幾個生肖屬鼠的男同學在期中考中考了滿分；這些人相當得意，甚至有些驕傲自大了起來。他們的導師發現後，對他們說：「怎麼這麼得意啊？你們知道得意代表什麼嗎？」

那幾個學生心想，糟了！老師接下來必定會責備一番，但

是，出乎他們的意料之外，老師只是說了一個有趣的小故事。

老師說：「有隻小老鼠外出旅遊，恰好看到兩個孩子在下獸棋。小老鼠看著他們下棋，看著看著，發現獸棋中的老鼠會被貓吃掉、被狼吃掉、被老虎吃掉，不過卻可以戰勝大象！」

「看到這個情景，小老鼠心想，原來我才是真正的百獸之王呢！這麼一想，小老鼠就得意了起來，從此瞧不起其他任何動物，有一天，甚至大搖大擺地爬到老虎背上，恰好老虎正在打瞌睡，懶得動，只是抖了抖身子。」

「有了這次經驗後，小老鼠更加驕傲、得意，於是趁著黑夜鑽進大象的鼻子。大象覺得鼻子癢癢的，就打了個大噴嚏，瞬間小老鼠就像炮彈般地飛了出去，飛了好久才掉進臭水溝裡。」

「好，現在請大家看看『臭』這個字是怎麼寫的。『自』、『大』再加一點就是『臭』字。有趣的是，今年正好是鼠年，班上也有不少屬鼠的同學，那麼，這些『小老鼠』們會不會也掉到臭水溝裡呢？我是想不會，但前提是他們得收斂自己驕傲、自大的心理。」

說到這裡，老師還特意看了看那幾個同學。幾位同學當然明白老師正「指著禿驢罵和尚」，但因為故事相當有趣，很快就接納了老師提出的批評。

這位老師恰當地使用幽默的批評方式，透過老鼠驕傲自大的有趣故事，從側面暗示同學驕傲、自滿的心理必然會導致惡劣的後果。因為老師的比喻貼切、用詞風趣，所以學生不但不會感到諷刺，還了解了自己的缺失所在，進而願意改善自己的行為。

由此可見，使用恰當的幽默式批評會產生多大的效果。

絕大多數人都不喜歡聽批評，甚至明知是自己有錯，聽到批

評時還是會產生不滿的情緒，也無法心甘情願地接納，更別說改善自己的錯誤了。所以，若要使對方接納批評、說服對方改善自己的缺失，提出批評時就要多用點技巧，幽默式的批評就是很好的辦法之一。

幽默式的批評並非正面抨擊對方的缺失，不會讓被批評者太過難受，而且還能讓場面變得輕鬆、有趣，也使被批評者輕易地接納你的建議，進而思考自己的不當行為，改善自己的缺點。

為批評裹上幽默的糖衣，唯有透過這種方式，你提出的批評才能發揮效果。

溝通需要一點心理戰術

破口大罵只會突顯自己欠缺智慧和涵養，以相
互體諒的「同理心」，創造彼此的雙贏，這才
是最好的溝通模式。

歌德曾說：「決定一個人的一生，以及整個命運的，只是一瞬之間。」

那「一瞬之間」指的是你的態度、做事的方法；每個人都有相同的目標，卻因選擇的態度不同，說話的方式不同，結果也有了天壤之別。

愚蠢的人為了無謂的堅持而和別人僵持不下，甚至用髒話問候對方的祖宗八代；聰明的人卻善於運用人性的心理達成目標，因為他們知道，解決事情的方法永遠不只一個。

西元一四七年，出身名門閨秀的梁瑩，從眾多佳麗中脫穎而出，即將成為東漢桓帝的第一任皇后。

當時，為了確保龍子龍孫的「優生」，皇宮裡已經有了針對皇后和妃子進行的婚前檢查，由一位名叫吳姁的女官執行這項任務。

吳姁奉旨來到梁府，在深閨中，先觀察了梁瑩的外貌形態，接著再閉緊門窗，以進一步深入檢查。

當吳姁要求梁瑩脫光衣服之時，金枝玉葉的梁瑩，自然堅決

不從。奉旨行事的吳姁，不禁心急地說道：「這是皇家規矩，不可違抗啊！」

但是，不管吳姁如何好說歹說，梁瑩仍然不肯依從。

這樣僵持下去也不是辦法，吳姁心生一計，湊近梁瑩的耳邊，小聲地說：「恭請皇后遵照皇帝旨意和皇家規矩行事。」

梁瑩聽到「皇后」二字時，心中微微一震，登時放棄了堅持，脫掉了上衣，然而當她脫到僅剩一件貼身衣物時，又忍不住猶豫起來。

於是，吳姁再次靠近梁瑩，說道：「皇后冊封的盛典，已經迫在眉睫，不容再作拖延，還請皇后恕罪，請皇后恕罪！」

就這樣，吳姁一面親手幫她除去衣物，迅速地完了檢查。

為了取得別人的信任，我們不也經常利用這樣的「同理心」，以話語之中的暗示來取得別人的認同？

同理心，也可以說是將心比心，把溝通的思考，轉移到對方最能感受與認同的角度。但是，同理心的運用，不是為了騙取認同或服從，因為一旦充滿權謀，反撲的力量是不可輕忽的。

像經營公司，面對難纏或故意唱反調的員工時，同理心的運用是很重要的，不需要動不動就破口大罵。有時候，我們可以請員工換個角度替老闆想想，而老闆同時也在不損害公司利益的情況下，推心置腹地為員工設想。

破口大罵只會突顯自己欠缺智慧和涵養，以相互體諒的「同理心」，創造彼此的雙贏，這才是最好的溝通模式。

將錯就錯，「幽」它一「默」

當自己的名字被叫錯時，不妨放寬心，「幽」自己一「默」，用詼諧的方式化解尷尬氣氛，就能解除雙方的難堪。

有一天，歷史老師在上課時，發現有個學生在睡覺。

當天教清朝歷史，老師便把學生叫醒，問道：「清廷最大的敵人是什麼？」

學生睡眼惺忪的回答：「青蛙。」

「蜻蜓」的最大敵人當然是青蛙，但老師問的並不是「蜻蜓」，而是「清廷」，所以會出現令人啼笑皆非的答案。

有天，琳娜因為老公到了三更半夜還沒回來，就先到房間關燈睡覺了。過了一會，有人爬到床上，接著把她的睡衣脫掉，就開始做起來了。

小琳不禁發出囈語：「喔……喔……好棒，彼得，你今天怎麼特別神勇？」

那個人停了一會，回答說：「也許是因為我不是彼得。」

這不純粹是笑話，現實生活中，類似這樣搞錯對象、弄錯名字的錯誤，其實並不少見。

遇到這種情況，應該如何化解尷尬呢？

在交際應酬的場合中，有些狀況會令雙方相當尷尬，其中常見的狀況之一就是對方弄錯了自己的名字。特別是在一個團體中，若有其他人的名字和自己相似，就更易發生張冠李戴的現象。

若是被當面叫錯名字，不論是誰都會覺得不舒服。可是當事者在那一瞬間的不同反應，將會造成極端不同的結果。

若是反應快，立即解除雙方的尷尬，不但能緩和當時的氣氛，對方也會因為你寬宏大量的態度，因此心生好感。

相反的，若是因為被叫錯名字而心存芥蒂，使場面僵持不下，不僅自己不愉快，也妨礙了彼此之間的交流，甚至可能因此失去了一個未來的合作夥伴。

因此，當自己的名字被叫錯時，不妨放寬心，「幽」自己一「默」，用詼諧的方式化解尷尬氣氛。

例如，曾有個名叫「王立」的人被誤叫為「吳力」，但是，他的反應很快，立即回答說：「我是王立呀！叫『無力』也太可憐了一點。不過，我的名字實在很普通，難怪不好記。」

用這種有趣的糾正方法，就能解除雙方的難堪，也緩和了氣氛，結果是皆大歡喜，彼此間的交情自會更加融洽。

一個經常跟自己碰面的人，卻搞不清自己的姓名，當然是件令人不愉快的事，可是，這也不是什麼難以忍受的事吧？

既然對方記不清楚，乾脆再報一次姓名就好，而且為了加深對方的印象，應該把自己的外表特徵和名字連在一起告訴對方，這樣一來，自然就不會再發生叫錯名字的情況，對方也會感激你

體貼的心意。

　　一時疏忽而弄錯姓名的事，其實屢見不鮮。其中，有很多是未把對方的姓名和外貌、特徵記清楚，所以才造成「馮京變馬涼」的錯誤情況。

　　無論如何，對被弄錯姓名的人而言，如果不想辦法令對方記住自己，以後仍會經常有不愉快、尷尬的情形發生。

　　這種時候，板起臉孔回應只會破壞彼此的關係。

　　想要靈活交際，最好的方法就是把自己外表的特徵和名字連在一起，用詼諧幽默的方式告訴對方，這樣對方自然會對你留下深刻的印象了。

Chapter 2

順著對方的
話語戳破牛皮

遇到喜歡自吹自擂的人，

　　如果你真的忍不住想跳出來數落幾句，

不妨就順著他的邏輯，戳破他的牛皮。

遇人挑釁，以其人之道還治其身

 面對惡意挑釁的人，不用小心眼、小肚腸地和他們一般見識，只要把他們的問題丟回他們身上去，以其人之道還治其身。

生活上難免會碰到一些不識趣的人，不是存心找碴，就是不長大腦，連對方已經被惹毛了還不知道。

遇到有人找麻煩，雖然讓人心煩，但是如果沉不住氣和對方嗆上了，爭得臉紅脖子粗，或是吵得不可開交，其實並不能得到什麼好處，只是徒增自己更多不愉快罷了。

所以，碰到像這樣的人，最好的方法，就是以其人之道還治其身。把問題和粗魯的言行丟還給對方，讓對方自己去感受，讓對方自己去想辦法。

不懂得以禮待人的人，也必然得不到別人的尊重。生活上的一言一行都應該要注意，要想得到別人的重視和喜愛，就得先審視自己如何對待別人。

出身貧寒的世界知名大作家安徒生，即使後來成名了，也還是維持儉樸的生活習慣，不喜歡奢侈浪費。

有一天，他戴著破舊的帽子走在街上，一個路人見了竟然大聲嘲笑：「笑死人了，瞧瞧你頭上頂著個什麼東西？那也能算是帽子嗎？」

　　只見安徒生不慌不忙地應了一句：「就不知你帽子底下的又是個什麼東西？那能算是顆腦袋嗎？」

　　無獨有偶的，俄羅斯知名的兒童文學作家葛達爾，也有過同樣的遭遇。

　　有一天，葛達爾提了行李箱準備出門旅行，鄰居看見了，忍不住上前問他：「唉呀，像你這樣大名鼎鼎的作家，為什麼會提這種看起來邋邋遢遢、破破爛爛的行李箱出門呢？」

　　葛達爾倒是沒有動怒，簡單地回答說：「這有什麼好奇怪？如果我的皮箱大名鼎鼎，而我卻邋邋遢遢、破破爛爛，那才糟糕呢！」說完，微微舉了舉帽沿算是致意，就不再理會鄰居，提著皮箱離開了。

　　外表和裝扮雖然能夠為自己的形象加分，但是只注重表象卻不重視內涵，更會讓自己變成金玉其外的草包。有些人只看外表，看不起衣著簡樸的人，嫌人窮酸，卻沒發現自己的苛薄臉容反被人看不起。

　　事實上，外表的裝扮不過是包裹住我們身體的外殼和面具，並不屬於肉體的任何一個部分，當然更和心靈內在沒有什麼關係。

　　所以，一個在心靈上、頭腦裡真正富有的人，不會為了自己的外表而感到困擾，也不會任意以外在條件去評斷他人。

　　只有誠懇的態度和能夠站在對方立場設想的寬大胸懷，才能夠敲開彼此之間溝通的大門，讓雙方接受，得到認同。面對惡意挑釁的人，不用小心眼、小肚腸地和他們一般見識，只要把他們的問題再丟回他們身上去，以其人之道還治其身，讓對方醜態自露，更能夠突顯自己的泱泱大度。

說實話，不如說場面話

實話不用盡說出口，但說出口的必定是心裡的實話，只要拿捏好心中想法與話語間的差距，就能有個圓滿的人際關係。

　　法國思想家蒙田曾經說：「你想到的東西，不必都說出來，不然就是愚蠢的。但是，你所說的一切，都應當符合你的思想，否則就是欺騙。」

　　在異常複雜的人際關係與利害關係當中，為了求生存，為了討生活，不說些違心之論，實在是一件很困難的事。

　　不過，就像蒙田說的，我們固然不必將自己所想的每件事都毫無棄掩說出來，但還是應該讓自己說出口的話，既不違背心意，又不傷人傷己。

　　王僧虔是南朝宋齊間著名的書法家，也是晉朝大書法家王獻之的後代，學識淵博、智慧過人，以書法聞名於世。

　　齊高帝蕭道成十分賞識王僧虔，任命他為侍中。

　　蕭道成本身也擅長書法，經常舞文弄墨。有一天，他突然心血來潮，決定要跟王僧虔一較高下。

　　於是，第二天當著滿朝文武，蕭道成宣佈，自己要和王僧虔進行一場書法比賽。

　　話音剛落，太監們便捧來筆墨紙張。蕭道成也不顧皇帝的威

儀，從皇座上直走下來，拿起毛筆就在紙上一陣狂書。

王僧虔並不因為對手是皇帝就故意謙讓，也很快就寫出了一幅渾厚純樸的正楷大字與一幅龍飛鳳舞的草書。

字寫完後，蕭道成問王僧虔：「你看我們誰是第一名？」

這是個相當棘手的問題，捧高皇帝，顯然對不起自己，但要是貶低皇帝，極可能換來腦袋落地。

王僧虔仔細看了蕭道成的字，回答說：「臣第一，陛下也是第一。」

蕭道成聽完臉色陰晴不定，不悅地說：「世上哪有兩個第一的道理？我倒想聽聽你的解釋。」

王僧虔從容回答：「陛下是帝王中的第一，臣則是人臣中的第一。」

蕭道成一聽哈哈大笑說：「你真會說話！」

若處在王僧虔位置上的人是我們，左右為難的時刻，我們會不會有像他那樣的智慧與直言的勇氣呢？

皇帝每天聽到的阿諛與諂媚話不知有多少，但這並不表示所有皇帝都不明白自己的斤兩。王僧虔若說自己比皇帝好，顯然會為自己招來一些麻煩；若說皇帝比自己強，又是睜眼說瞎話，只會招來「狗腿」的批評。

在這個進退兩難的情況中，王僧虔應答得不卑不亢，同時捧了自己與皇帝的場，既用暗喻的方式點出事實，又沒有貶低自己討好對方。

如果你常常覺得要活得坦蕩是件很辛苦的事，王僧虔的處世風格，或許是一個很不錯的示範。

對現代人而言，面對錯綜複雜的人際關係，要如何應對進退

確實是件傷腦筋的事。若是心中想到什麼就說什麼，這種直來直往的說話方式，恐怕會傷到人；但若總說違心之論，也對不起自己的良心。

正因為如此，我們更應該學學王僧虔說場話的功力，才能皆大歡喜。做人不難，難的往往是說話的方式，心中的實話不用盡說出口，但說出口的必定是心裡的實話，只要拿捏好心中想法與話語間的差距，試著用暗喻的方式說些場面話，就能有圓滿的人際關係。

用巧妙的譬喻主張自己的權益

意外發生時，面對別人的強詞奪理，一味地將責任背負身上並不代表負責，怒氣沖沖地激烈爭論也不會得到圓滿的結局。

　　生活中、工作中都難免會發生意外和錯誤，把責任的歸屬問題確實釐清之後，如果真正應該負起責任的人是我們，那麼無論如何都要盡責。

　　反之，如果造成意外的真正元凶是別人，我們也要懂得為自己爭取權利，不要因為對方是得罪不起的人，就忍氣吞聲背負莫須有的罪名。

　　當然，要讓對方知道自己的錯誤，不能破口大罵，而要運用一些技巧。

　　有一間皮鞋廠的老闆為了讓員工們更有春節氣氛，特別加贈員工們一批鞭炮，好讓大家的春節能夠更加喜氣。

　　只是沒料到，其中有一名員工的小女兒在玩耍的時候，不幸竟被鞭炮擊中了眼睛。

　　該名員工一氣之下，向法院狀告鞭炮廠商有過失，要求廠商要為這個意外負起全部的責任。

　　當法院的通知單送到鞭炮製造廠時，大家為了這場官司十分苦悶，雖然整件事是孩子的家長疏於照顧引起的，就事論事的

話，皮鞋廠的老闆恐怕也要負起責任。只是，對於這個大客戶，他們不敢得罪，畢竟皮鞋廠每年的訂單不少，一旦得罪了他們，肯定會失去這個大客戶。

但是，不據理力爭的話，工廠恐怕要蒙受重大的損失。

當大家沉著臉苦思時，忽然有人大叫一聲：「我們怎麼沒有想到小林啊！」

小林可以說是這間公司的智多星。舉凡內部人事與對外洽談一出現問題，只要小林出馬，便能輕輕鬆鬆地解決。

於是，大家請來小林，仔細地告訴他事情的始末。

「一切包在我身上！」小林自信地說。

終於，開庭的時間到了，但小林卻遲遲沒有出現，只見鞭炮廠的人個個神色凝重，坐立不安。不久，小林終於出現了，氣喘吁吁地來到法官的面前報到。

法官一看見他，便生氣地質問：「你怎麼現在才到？」

只見小林吞了一口氣，大聲地說道：「法官先生，真對不起！我一接到傳票就趕來了，但是趕路的過程中，我腳上穿的這雙皮鞋竟把我的腳給磨破了，於是，我前去和皮鞋製造廠理論，然而製造商並不願意承擔這個責任，還推說這是我使用不當的後果。總之，他們要我自己負責。可是，我不服氣，一直和他們理論，所以才會遲到。」

皮鞋廠的當事人一聽，明白了小林的弦外之音，最後決定撤銷起訴。事後，鞭炮廠長則致贈了一筆慰問金給小女孩聊表心意，事情總算圓滿落幕。

聰明的小林能夠化解這場官司，在於他虛擬故事，以相同的情境讓鞋廠的原告明白道理。

他並未在法庭激昂抗辯，而是透過唱作俱佳的譬喻，讓對方知道意外是自己「使用不當」造成的，不能賴在鞭炮廠上。

小林沒有先為自己辯解，反而換個角度，虛構一個類似的狀況，目的就是要讓鞋廠的人員能夠從中釐清，意外發生時的問題與責任歸屬。結果也正如小林的預期，雙方各退一步，也讓彼此的合作關係更進一步。

意外發生時，面對別人的強詞奪理，一味地將責任背負身上並不代表負責，怒氣沖沖地激烈爭論也不會得到圓滿的結局。這個時候，不妨像小林一樣從對方的角度出發，用巧妙的譬喻讓對方知道自己的錯誤。

不要用情緒或是情感來面對問題，這樣才不會讓彼此陷入了主觀判斷的死胡同中。

靈活運用自己的幽默

在我們的日常生活中，最常見的有三種類型的幽默：哲理性、詼諧性和嘲諷性幽默。優秀的領導者可以從中萃取菁華，靈活加以運用。

有次，一個喜劇演員在一家旅館乘電梯，在五樓停下時，赫然有個全身赤裸的年輕女性走了進來。遇到這種景況，男人自然目不轉睛地盯著她看。

這個女生不悅地問：「看什麼看，有什麼好看的？」

只見他笑嘻嘻地回答：「沒有什麼，我太太也有一套妳這種衣服。」

無論是哪一種幽默，即使差異很大，都有著一個共同之處，那就是旨趣必須是由內而外發出，從顯意識和潛意識中產生。

就幽默的展現而言，輕鬆滑稽、逗人開懷的詼諧話語，那可以說是幽默；才智機敏，妙語解疑的機智，也是一種幽默。

就幽默而言，「幽自己一默」的自嘲，可以說是幽默；「幽別人一默」的調侃，也可以說是幽默。

就幽默所製造的效果而言，讓人露出會心的微笑是幽默；讓人忍不住哄堂大笑，也是幽默。

就幽默的境界而言，寓意風雅、耐人尋味的風趣，可以說是幽默；氣度恢宏，率真超脫的豁達，也可以說是幽默。

　　這天，夫妻兩人吵架，妻子生氣地說：「哼，我要是嫁給魔鬼，都比嫁給你這個死鬼還好得！」

　　夫夫聽了也不甘示弱，回答說：「親愛的，妳明知道那不可能的，因為法律規定，近親禁止通婚。」

　　幽默可以帶來快樂，使人從痛苦的經驗和情緒中掙脫出來，是一種生理和精神活動，英國著名哲學家索利曾經這樣談幽默：「人類語言中幾乎沒有一個詞彙，比這個人人都熟悉的詞更難下定義了。」

　　幽默是個開放的和通俗化的語言概念，幽默的方式可說是「無限」的。它的關鍵因素在於是否具有「趣味性」，只要能產生有趣的效果，任何有聲的和無聲的，任何有形和無形的舉動、言語、思維、氣氛都可以成為幽默的媒介，傳遞幽默的訊息符號，從而成為幽默的表達方式和存在形式。

　　什麼力量是幽默的真正源泉和內容呢？

　　我們可以進一步說，有趣與好笑的舉止談吐，主要更取決於行為主體的情感、好惡、文化素養……等等。

　　蘇聯美學家賓斯基曾經說：「幽默可以採取任何形式，以適應任何的時代思潮及其歷史性格。」

　　我們可以這樣認為，幽默是比較高級的玩笑話，不一定要使人捧腹大笑，只要能使別人莞爾一笑，便已達到基本功能。

　　它從人的顯意識和潛意識中產生，因而它是人的情緒、情感、意識、個性，還有價值判斷合乎邏輯的表露。

　　正因為如此，它總是生動地表現出各種各樣心智和心力，成為一種能為人們所能感知和把握的個性心理和社會心理。

幽默感讓生活增添色彩

幽默感能在鬱悶時沖淡不快，爭執時化解僵持，讓生活增添更多趣味與快樂。

　　善於應付世事的人，懂得巧妙地運用出色的幽默，將原本不利於自己的情況扭轉過來，讓大事化小，小事化無，輕輕鬆鬆地化解難題。

　　一次，哲學家蘇格拉底正與客人交談時，脾氣暴躁的太太突然闖了進來，劈頭大罵了蘇格拉底一頓之後，還覺得不爽快，接著還提起一桶水朝著蘇格拉底頭上一潑，把他淋得像個落湯雞。

　　蘇格拉底笑了笑，對客人說道：「我就知道，閃電之後，必有大雨。」

　　原本很難堪的場面，被蘇格拉底的幽默輕鬆化解。

　　在社交場合中，當你陷入尷尬的處境時，幽默往往能使你從容擺脫困境。

　　一次盛大的招待會上，服務生在倒酒時，不小心將酒撒到一位賓客那光禿禿的頭上了。服務員嚇得變了臉色，全場人也都手足無措。

　　沒想到，這位客人卻詼諧地說：「小妹妹，妳以為這種酒能治療禿髮嗎？」

　　在場的人聞聲大笑，尷尬緊繃的場面一下子就被打破了。

　　這位賓客藉著及時的幽默感，既展示了自己的大度胸懷，又巧妙地為服務員擺脫了窘境。

　　前美國總統雷根一向以幽默風趣著稱。一九八一年三月，雷根遇刺被送往醫院，夫人南茜前往醫院探視，當她俯下身親吻他時，雷根將臉上的氧氣罩掀起來，帶著嘶啞的腔調說：「寶貝，我忘了貓腰了！」

　　雷根這時還有心講笑話，使南茜稍感寬慰。

　　雷根的這句話借用了一個典故。

　　美國著名拳擊手傑克‧登普賽是愛爾蘭人，個性十分幽默。他在一次比賽當中被對手擊敗，回到家後將自己敗北的事情告訴妻子，用的就是與雷根相同的口吻：「寶貝，剛才他打我的時候，我應該使出貓腰躲開的，可是，我偏偏忘記了。」

　　雷根借用這個典故在緊急的情況之下對南茜說了這句話，這份幽默把緊張不安的助手和醫生都給逗笑了。

　　幽默感是一種心理活動，以生動有趣的言語或行為呈現出來，它能在鬱悶時沖淡不快、爭執時化解僵持，讓生活增添更多趣味與快樂。

　　試想，如果整天繃著臉孔，生活會是多麼枯燥乏味！多點幽默，能為平淡的生活罩上一層綺麗的色彩。

　　一對剛結婚的新人在婚禮當天晚上，新娘對新郎說：「今後什麼都不能再說『我』的，要說『我們』的。」

　　新郎進了浴室很久都沒發出半點聲響，新娘覺得奇怪，就問道：「你在做什麼呀？親愛的。」

　　新郎回答：「親愛的，我在刮『我們』的鬍子哪！」

　　這位風趣調皮的丈夫把幽默引進夫妻之間的對話，增添了快樂的氣氛。

　　由此看來，在日常生活中適時添加一點幽默，就能爲生活增添一分美麗的色彩。

　　如果你具有難能可貴的幽默感，的確是種莫大的幸運，一定要儘量培養它，不管你走到哪兒，必將因此受人歡迎。

掌握情理，就能說得合情合理

懂得把話說得合情合理，才能把話說進別人的心坎裡，才能贏得眾人的尊敬與信任，也才能在自己的領域中有所作為。

身為一個領導者，是否具有誠實正直的品格，將直接影響到工作態度和行事作風，對本身所領導的各項事業興衰也具有決定性作用，更會左右自己在部屬中的威信。

相對的，身為一個部屬，想要獲得信任、重用，也就必須養成實事求是的工作作風，具有正直誠實的高尚品格，同時懂得批評、建議的技巧。

在中國歷史上，唐代名臣魏徵可說是具有正直誠實品格的代表人物。雖然他沒什麼幽默感，敢於直言、講真話，但也是個熟諳批評技巧的聰明人，說話句句都說到重點，往往讓唐太宗被批評得心服口服。

唐太宗即位之初，某一次，黃門官突然來向魏徵宣詔，說皇上下令，要他徵召十六至十八歲身強力壯的男丁入伍。

但魏徵覺得，由於連年的戰爭和災荒，百姓中壯丁已經很少，而且在天下初定之時，這樣突如期來的徵兵舉措，不利於民生國計的安定。

當他知道這是宰相封德彝的主意時，不禁對封德彝無視國家

現狀，只知邀功求寵的行徑感到不屑，便讓傳旨官回去告訴唐太宗，這種事不合法令，他難以聽從命令。

魏徵公然抗旨不遵，嚇得傳旨官目瞪口呆，力勸他接旨，其他朝臣也為他捏一把冷汗。可是魏徵依然故我，還泰然自若地在大廳裡踱起步來。

不久，黃門官又傳來第二道旨意，要魏徵速速派人徵點壯丁入伍，可是魏徵仍然堅決不接旨。黃門官好心提醒他，皇上已經動怒了，魏徵仍昂然回答：「絕不苟且從命。」傳旨官無計可施，只得請他入宮面見皇上。

進宮後，唐太宗認為魏徵太固執，怒氣沖沖責問他：「徵召壯丁入伍有何不可？為什麼屢抗朕命？」

宰相封德彝也在一旁添油加醋、火上澆油地斥責說：「身為臣子，連君命也不執行，怎能治理國家呢？」

但是，魏徵依舊大義凜然地反駁：「難道國家律法不是君命嗎？律法也是陛下親自頒發的，倘若連陛下也違反律法，朝令夕改，怎麼能治理好國家！」

唐太宗一聽這話，非常生氣地問道：「你這傢伙倒說說看，朕有何事違律亂章？又有何事朝令夕改？」

魏徵正色道：「陛下八月即位時，曾下詔全國免徵免調一年，百姓聞詔欣喜若狂，歡呼皇恩浩蕩。可至今不到四個月，陛下就開始徵兵，這怎能取信於民？而且按國家律法規定，二十一至五十九歲的男丁方可徵調入伍，封大人怎能知法違法，非要徵召十六至十八歲的男丁？這豈非有辱君命？」

故事的結局是，唐太宗聽了覺得有理，不但不再對魏徵發脾氣，下令停止徵召男丁的舉措，也認清了封德彝的媚上行徑。

　　滿朝文武官員對魏徵這種忠心耿耿、剛正不阿、正真誠實的品格非常敬佩，唐太宗也很讚賞他的「忠諫」，將他比喻為一面檢查自己得失的鏡子。

　　由此可見，把真話說得恰到好處多麼難能可貴。

　　在人性叢林中，要懂得透視小人的心機，但應對進退之時，不必然要耍心機，只須把話說得合情合理。只要掌握情理，對上就不必曲意迎合、逢迎諂媚，對下就能做到兼聽則明，不受「馬屁精」的迷惑。

　　懂得把話說得合情合理，才能把話說進別人的心坎裡，才能贏得眾人的尊敬與信任，也才能在自己的領域中有所作為。

順著對方的話語戳破牛皮

遇到喜歡自吹自擂的人，如果你真的忍不住想跳出來數落幾句，不妨就順著他的邏輯，戳破他的牛皮。

誇大不實的言詞時常引誘我們進入險境。

那些喜歡自吹自擂或自以為是的人，不僅常常掩飾自己的缺失，也習慣以不實的言詞混淆視聽，試圖魚目混珠。

遇到這種喜歡吹牛、中傷別人的人，一味隱忍並不是最好的策略，而是必須以牙還牙、以眼還眼，讓他知道誠實的重要。

在一場重要的商業會議中，有間名聲很差的廠商也派代表出席。但是，他們為了替自己爭取更多的利益，竟誇張地吹噓著自家產品，甚至誇過了頭，令許多同行業者都忍不住搖頭。

接著，該公司代表還拿現場同業的產品進行比較，並以明褒暗貶的方式攻擊對手。那些被貶抑的廠商代表雖然氣憤，但礙於在這樣的大場合不便發作，同時也因為對方沒有直接批評，根本無從反駁。

不過，就在這個時候，有個同業代表忽然站起來回嘴了，因為他的公司也被對方批評得十分誇張，一連串貶損的話中話實在令人難受。

在這樣的場合中，大多數人都期望他輕輕帶過就好，沒想到

他也如法炮製，竟然大力吹捧起自家產品，接著更對該家廠商的產品毫不避諱地直接批評，而且一口氣損個夠。

這個舉動不僅令對方代表愣住了，連其他與會的廠商代表也緊張得繃緊了神經，甚至身邊的伙伴也忍不住對他說：「你吹得太過了啦！」

沒想到他卻笑著說：「是嗎？不如讓我和大家說個故事吧！從前，有個製鼓的人說：『我家裡有一面鼓，只要一擊鼓，它的聲音能傳送千里。』有個人聽出他在吹牛，於是大聲地說：『是嗎？那我家有一頭大牛，當牠的頭正在江邊喝水時，尾巴卻還留在家裡。』製鼓人一聽，立即駁斥：『簡直胡說八道，根本沒有這麼大的牛。』對方則說：『沒這麼大的牛，怎麼能做出你吹牛的那張牛皮呢？』同樣的道理，我們家的產品如果不好，又怎能超越他們呢？」

大家一聽，忍不住哄堂大笑，原來他是故意在嘲諷該公司的吹牛招數。

最後，這位機智的代表再也沒有誇張地介紹自家的產品，因為，他已經獲得了許多業者的青睞。現在，他不必再吹牛，只要詳細地介紹自己的產品，坦白地說出產品的優缺點，就能贏得買家的信任。

其實，每個人都知道自己的能力有多少，也看得見別人的能耐有幾分。只是，大多數人能看出別人的能力，卻總是不肯面對自己的實力不足，為了引起別人注或蓄意欺騙別人，就會像故事中習慣用吹牛來誇大自家產品的公司代表一樣，不斷地打腫臉充胖子。

別忘了，許多成功者一再地叮嚀著我們：「**待人接物的準則**

是謙虛與坦誠，然後你就會得到旁人的信任，之後才能享受成功的喜悅。」

每個人的實力到底有幾分，無須大吹法螺，也不必他人大肆讚揚，因為你聰明，別人也不是不長眼睛的呆子。

誠實才是最好的策略，不必絞盡腦汁地偽裝自己，更不必打腫臉充胖子。

相對的，遇到喜歡自吹自擂的人，如果他的話已經對你造成中傷，或是損傷你的權益，讓你真的忍不住想跳出來數落幾句，不妨就順著他的邏輯，戳破他的牛皮。

適度批評，讓對方看清自己的德性

 沽名釣譽的人很多，冷嘲熱諷一番，既可以達到罵人的目的，也可以讓對方照照鏡子，看清自己的德性。

正在等公車的年輕女生，發覺有個男生一直盯著自己的雙腳，覺得自己受到性騷擾，於是不客氣地走上前，抬頭挺胸質問男生：「你這個色狼，為什麼一直盯著我的腳？」

男生連忙道歉：「對不起，看到妳的腳，不禁讓我想起我的故鄉⋯⋯」

女生問：「你的故鄉在哪？」

男生回答：「萬巒。」

這個色瞇瞇的男生盯著年輕女生看，固然是不對的行徑，不過，這個「豬八戒」的臨場反應還算機智，藉著巧妙的說話方式倒打對方一耙。

現實生活中，許多人總是高估自己，總是認為別人帶著邪思，想趁機佔自己便宜。遇到這種人，不妨運用幽默的力量，用類似的技巧適度表達自己的觀點，讓對方明白自己是什麼貨色。

傳說上古時代的聖君堯帝年老時，想要將王位傳給賢能的人繼承，因此派了許多人在民間打探消息。

當堯帝聽說了許由這號人物是個隱世高人，便想把帝位讓給他。於是，他派使者到許由隱居的箕山去邀請他。沒想到使者才說明了堯帝的意思，就被許由趕了出來。

許由說：「我不稀罕什麼帝位，你請回去吧！」

使者走後，許由越想越覺得使者所說的那些話污染了他的耳朵，於是，立刻跑到山下的潁水邊掬水洗耳朵。

許由的朋友巢父也隱居在這裡，這時正巧牽著一頭牛來飲水，看見許由惱怒急躁的模樣，便問他在幹什麼。

許由便將方才發生的事情全告訴了巢父，並且說：「我聽進了這樣不乾不淨的話，怎麼能不趕快洗洗我清白的耳朵呢？」

結果，巢父聽了只是冷笑一聲，譏諷地說：「哼，誰叫你喜歡在外面招搖，刻意營造名聲，現在得了便宜又賣乖，還裝模作樣洗什麼耳朵！算了吧，別讓那些洗耳朵的髒水沾汙了我小牛的嘴！」說著，巢父便牽起小牛，逕直走向水流的上游去了。

巢父毫不留情、狠狠地嘲弄了許由一番，譏笑他若無心讓自己的聲名傳世，堯帝又如何得來消息，打算延攬他任官？

言下之意是指許由沽名釣譽，等到別人上鉤了還要裝模作樣，想表示自己清高無為。如果真的不重名祿，自然是不會將這些事情放在心上的，即使聽到了也應該如過耳秋風，不留一絲痕跡。

然而，許由不僅無法忘情，還沈溺在讚譽之中，特地跑到河邊洗耳，不過是裝模作樣罷了。

像許由這樣沽名釣譽的人，在生活周遭其實並不少見。如果你看不慣這種行徑，不妨引述這個故事，然後像巢父一樣冷嘲熱諷一番，讓對方的臉色一陣紅一陣青。如此，既可以達到罵人的目的，也可以讓對方回家後照照鏡子，看清自己的德性。

利用沉默製造效果

 必要時的沉默能製造懸念，為自己的反擊留下更多的空間，正如縮回來的手，一旦握緊拳頭打出去將更加有力一樣。

在談判或辯論中，有時候需要針鋒相對，有時候需要巧施「激將法」，有時候則需要保持緘默，以沉默的態度迴避問題或是回敬對方。

用沉默這種無言的回敬方式，有時能震懾住對方，使對方感到心虛膽怯，不戰自敗，可說是一個相當不錯的回應方法。下面舉一個例子加以說明：

在某國政府部門舉行的記者招待會上，一位存心找碴的外國記者故意問：「請問，貴國是否有雛妓問題？」

主持招待會的代表說：「有！」沉默數秒後，又說：「過去曾經有！」

可想而知，當第一個「有」字剛出口時，會引起多麼大的震撼，這樣的回答，肯定讓所有在場人士瞠目結舌。然而，經過幾秒鐘的沉默，最後那句話說出口時，人們才在沉默的驚疑中回過神來。

這幾秒鐘的沉默，使所有人都感覺到該國過去與現在的鮮明對比，因而產生出強烈的感染力量。

　　從這個實例可以瞭解，有時候沉默並不代表語塞，抑或是語言溝通上突然出現阻礙，反而是一種非常高超的語言表達手段。如果運用恰當，它的效果會出人意料之外的神奇。以下這則例子也能證明這點：

　　二十世紀四〇年代中期，英、美、蘇三國首腦在波茨坦舉行會議。會間，美國總統杜魯門對史達林說：「美國已經研製出一種威力非常大的炸彈。」

　　這句話的用意在於暗示美國已經擁有原子彈。杜魯門之所以這麼說，是想試探一下史達林的態度，了解蘇聯的虛實。

　　杜魯門講話的時候，英國首相邱吉爾兩眼直盯著史達林的臉，觀察他的反應。但史達林像是木頭人一樣，臉上依舊毫無表情，並保持沉默。

　　後來，不少與會人士回憶當時的情況都說：「史達林好像有點耳背，根本沒聽清楚杜魯門的話。」

　　但事實並非如此，史達林不僅聽清楚了這句話，並且聽出了這句話的真正含義。會後，他對外交部長莫洛托夫說：「我們應該加快原子彈的進度。」

　　史達林為什麼刻意裝聾作啞？因為在那種特殊情況下，任何方式的語言表達，都不如沉默來得有效。

　　沉默既可以守住自己的秘密，也讓對方摸不清虛實。

　　請謹記：「沉默就是最好的反抗。」

　　適時的沉默能製造懸念，為自己的反擊留下更多的空間，正如縮回來的手，一旦握緊拳頭打出去將更加有力一樣。因此，在互動過程中善用「沉默的反擊」，將能為你帶來極大的利益。

Chapter 3

對付老頑固，
要軟硬兼施

固執並不等同於是非不明，

也不是說觀點絕對不能改變，

「軟硬兼施」、「冷熱戰術」

都是證明行之有效的謀略。

援引實例最有說服力

用爭論駁倒對方，雖然在理論上獲勝，但卻難使人心服；從例證著手，最能引動情感，讓他人對於你的意見或說法欣然同意。

面對別人不懷好意的攻擊行為，必須先抑制自己易怒的情緒，不必和對方一般見識，也不必脫口用髒話問候他的家人，只要依樣畫葫蘆，順著對方的邏輯回應，就可以替自己解圍。

有一位旅遊書作者這輩子都沒有出過國門，卻寫了本《海外旅遊指南》，並且還十分暢銷。

知道這件事的同行大為嫉妒，有一天故意對他說：「你哪裡都沒去過，怎麼能寫這種書呢？不是擺明了在騙人嗎？」

他的回答相當出人意料：「從沒去過巴黎的名家×××，寫出的《巴黎指南》不也是人人愛讀，不忍釋手嗎？」

這種有先例可循的答辯，最能使人知難而退。

用爭論駁倒對方，雖然在理論上獲勝，但對方即使口服，卻難以心服；從例證著手，則最能引動情感，讓他人對於你的意見或說法欣然同意。

有位作家在荳蔻年華時完成許多篇戀愛小說，篇篇華麗曲

折，章章絢爛細膩，風靡成千上萬的少女。

　　對此，有位評論家毫不客氣地提出批評：「她自己仍然待字閨中，怎麼能夠如此大膽地寫出夫婦之間真實的生活？」

　　她得知這則評論之後，立刻反駁：「如果依照您的意思，那些描寫囚犯經歷、敘述帝王奢華生活的作家們，一定進過監獄，當過皇帝了！」

　　這位評論家啞口無言，從此不敢再啟戰端。

　　活在這個紛紛擾擾的社會，人難免會遇上麻煩，難免遇到有心人故意找碴。

　　這時，賭氣硬和對方計較，就會淪為潑婦罵街；置之不理，對方可能得寸進尺，讓人難以嚥下那口烏氣。

　　最好的應付方法，就是援引一些實際案例，讓對方自討沒趣。

　　就像故事中的這位作家，引用一個事實俱在的例子，和自己的立場相提並論，任何人在同視兩者之後，當然獲得相同結論，這就是她的聰明處。

對付老頑固，要軟硬兼施

 固執並不等同於是非不明，也不是說觀點絕對不能改變，「軟硬兼施」、「冷熱戰術」都是證明行之有效的謀略。

依據自身個性與言語風格的不同，我們可以將人分為幾大類，諸如理智型、情感型、頑固型等等。頑固型或許不是其中最顯眼者，但絕對是最頑強、最難以征服的一種。

頑固型談話模式的代表人物，首推埃及總統納賽爾。他之所以享有名聲，正是因為在談判過程中，即便面對西方列強施加的龐大壓力，仍能以堅定不移的態度收回蘇伊士運河主權。

然而，在以埃戰爭談判中，又是什麼使這位頑固型的政治人物最終不再堅持己見，選擇退讓呢？

一九七〇年，有位美國律師獲准和納賽爾就以埃兩國衝突展開談判，他問納賽爾：「您希望梅厄夫人（當時的以色列總理）採取什麼行動？」

納賽爾堅決地答道：「撤退！」

律師又問：「要她撤退嗎？」

納賽爾答道：「是的，從阿拉伯的領土上完全撤退。」

律師驚訝地說：「沒有交換條件？對方從您這裡得不到任何好處？」

納賽爾斬釘截鐵地回答：「什麼好處都沒有，這原本就是我們的領土，以色列本來就應該撤退。」

律師並不退縮，換了個方法詢問：「請您想像一下，如果明天早晨，梅厄夫人在廣播和電視上宣佈說：『我代表以色列人民宣佈，我國將從自一九六七年以來佔領的土地，包括西奈半島、加薩走廊、西海岸、耶路撒冷和戈蘭高地上完全撤退，但是周邊的阿拉伯國家沒有做出任何讓步。』那麼國內輿論與情勢將變成什麼樣呢？」

律師的語氣和表情相當生動、誇張，納賽爾一聽，忍不住大笑起來，說道：「喔！那她要有大麻煩了。」

由於美國律師巧妙地運用了語言策略，終於成功使納塞爾同意讓步。

對付頑固型的人，不能在談話開始就直奔目標，應該採取「以迂為直」的謀略，以冷靜態度和足夠耐心應付，從容地向最終目標推進。在不斷誘發對方需要的同時，還應該提出有力證據，強化己方建議或主張的正確性，切忌貿然觸及或嘗試推翻他們堅持的信念。

固執並不等同於是非不明，也不是說觀點絕對不能改變，只是不易改變，除非碰上適當的方法。「軟硬兼施」、「冷熱戰術」都是證明行之有效的謀略。有意製造衝突，然後設法恢復常態，或者有意製造僵局，接著破解僵局，都屬於有效的「冷熱戰術」，能夠動搖原先強硬的態度。

針鋒相對使人無言以對

對方提出詰問，必定希望你依照他的目的來進行，一旦發覺你的回答完全是針鋒相對，就足以令他手足無措、無言以對了。

出糗與批評，是沒有辦法逃避的人生考驗，敵人永遠會想辦法挖掘你的弱點，刺激你的缺陷，好讓你暴露出更多弱點，然後輕而易舉把你攻擊得體無完膚。

這種時候，如果你選擇了針鋒相對的方式，那麼就必須透過巧妙的應對，讓對方無言以對。

二次世界大戰以後，日本保守派最傑出的謀士三木武吉，幫助鳩山一郎順利當上首相，才華蓋世、機智絕頂的表現令人為之讚佩，可是他總難逃女人的引誘，緋聞一直不絕。

三木武吉晚年，有一名婦女團體的代表前來拜訪，很不客氣地詰問：「三木先生，您的一舉一動都能影響國家社會，如此情況下還和兩個名女人搞七捻三，這到底是怎麼一回事？」

三木武吉聽了卻一臉無所謂的模樣，淡淡地回答說：「才不止兩個，可能您想像不到，我現在正跟五個女人有關係、有往來呢！」

這位婦女代表愣在當場，無言以對。

他繼續說：「這五位女士在我年輕時處處照顧我，現在她們

徐娘半老，甚至老態龍鍾了，我當然應該在經濟上幫助她們，並在精神上支持她們。」

這位婦女代表一聽，不但不再責怪他，反而感佩萬分。

同一時期，擔任日本勞工運動主持人的太田薰，說話技巧也非常高，比起三木武吉毫不遜色。

有一次，鋼鐵勞動聯盟組織推派一位代表拜訪太田，說他不該如此畏畏縮縮，並嚴厲指責他領導的勞工運動無法為工人爭取福利。

太田立刻反駁：「你們以為美國的勞工聯盟全被右翼份子把持嗎？他們即使發動大罷工，最後也僅能熄火待命。你們呢？言論表現如此激烈，可是又有什麼真正成績？」

大聲叱喝之後，這位代表當即閉口，以後再也不敢來囉唆。

三木武吉和太田薰之所以能在盤詰之下立刻還以顏色，有效封鎖對方的攻勢，讓他們知難而退，原因不外乎下列三項：

- 全盤了解對方的目的
- 考慮自己的目的
- 調節兩者的進行順序

對方提出詰問，必定希望你依照他的目的，依循某些規則來進行，一旦發覺你的回答完全是針鋒相對，有排山倒海之勢，自然會感到手足無措、無言以對。想要罵人之時，適時亮出自己的底牌，是掌握主控權的好方法。

明槍比暗箭更難防

遇到別人批評、指責的時候，別急著用髒話回敬，也不用惱羞成怒，應該擺出迷魂陣。

談話是促進人際關係的有聲媒體，也是情感交流的手段，互訴心聲的工具。

但是，正如同水能載舟，亦能覆舟，它像一把「兩面刃」，經常將人導入錯誤的判斷或紛爭中。

美國過去有位頗有人緣的政治家，名為戴恩將軍，但也以好色聞名。某次發表競選演說時，一名聽眾因為不滿他的私生活，竟當眾責問他的不檢點。

沒想到，戴恩只靠三言兩語，便使對方啞口無言。

聽眾：「將軍，您的意見我都贊成，但是，請您少玩弄女人好嗎？」

將軍：「是這樣嗎？請問這位先生，您是不是一位堂堂男子漢？」

聽眾：「是啊！我當然是。」

將軍：「那麼，如果有位極漂亮的女孩子要你愛她，你忍心拒絕嗎？」

聽眾：「這個……」

將軍：「我相信你同樣不會拒絕的，是吧？」

戴恩將軍回應聽眾的，就是「趣味邏輯」三段論法——男人愛女人，你是男人，所以你也喜歡女人！

在這段簡短的對話裡，戴恩並未惱羞成怒，而是巧妙地避開了「道德」問題，僅就男女之間的喜悅進行討論。

此類單純、明快的理論最容易讓人中計上當，即使對方後來發現自己被「三段論法」的迷魂陣欺騙，也已經喪失了最佳的反擊時機。

政治家們就經常利用這種方法攻擊對方的弱點，所以我們常常可以聽到某些要人在分析一個極為重要的問題時說：「這個問題有三項重點：第一是……第二是……第三是……」

輕描淡寫地分析了整個問題，聽者往往被搞得昏頭轉向，誤以為事情真的如此簡單，殊不知它並不是只有三點而已，很可能有第四點，而這個第四點，才是問題的真正核心。

可見，明快的理論方式，最容易使人受騙上當。

遇到別人批評、指責的時候，別急著用髒話回敬，也不用惱羞成怒，應該擺出迷魂陣。若無法直接解決問題，不妨藉一段引言沖淡問題的嚴肅性，再導引聽者步入錯誤的判斷當中，同樣是取勝的好方法。

破口大罵不如裝聾作啞

意志型談判者在人際關係上缺少一定的彈性，卻能堅持原則，因此若碰上事關重大的談判，指派他們出馬將最為恰當。

面對批評、攻訐，唯有保持恰當的應對進退，才能夠氣定神閒地回敬。

在交涉或談判過程中，碰上咄咄逼人、言語刻薄的對手，與其針鋒相對，倒不如高明地以「裝聾作啞」壓制、克服。

第一次世界大戰結束後，英國聯合法、義、美、日等國代表，與土耳其代表在瑞士洛桑展開談判，企圖脅迫土耳其簽訂不平等條約。

會中，英國代表克敦態度傲慢，談吐囂張。土耳其代表伊斯麥提出維持土耳其主權的條件後，克敦當場暴跳如雷，不僅揮動拳頭、大聲咆哮，甚至出言恫嚇辱罵對方。

碰上這種狀況，應該如何應對？

局面與氣氛都相當緊張，伊斯麥卻態度安詳，視若無睹，等克敦聲嘶力竭地停下來以後，才不慌不忙地張開右手，靠在耳邊，把身子靠向克敦，十分溫和地說：「您說什麼？對不起，我耳朵不太好，實在聽不清楚呢！如果可以，請您再說一次吧！」

想當然爾，克敦不能再重新發一次脾氣，氣勢頓時矮了半

截，像顆洩了氣的皮球，連話都說不出來了。

　　語言是人類交流的工具，人與人之間交往和溝通，都離不開語言。

　　但是，想要讓對方照著自己的意思去做，就必須擁有堅定的意志，無論對方說什麼都像聾子一樣置若罔聞，這種應對方式絕對強過拍桌子對罵。

　　土耳其代表伊斯麥，就是典型的意志型的人。

　　這種人往往會在交涉或談判過程中產現出強烈恆心、毅力與自制力的人。

　　這種人不但會裝聾作啞，最大特點是具有堅持到底的精神。

　　此外，他們只要有什麼想法就談什麼想法，甚至坦然將心底真正意念和盤托出，完全不介意對方能否接受。同理，受到別人的強烈批評甚至惡意中傷，也能處之泰然，不被動搖。

　　這類人在人際關係上缺少一定的彈性，無法面面俱到，但卻能堅持原則，使人信賴，也由於忍耐力極強，能夠一肩扛起重要任務，不辱使命。

　　因此，若是碰上事關重大的談判，指派意志型談判者出馬將最為恰當。堅強的意志，就是一種有利的談判優勢。

委婉含蓄也能達到目的

委婉含蓄的語言中蘊藏的思想和情感較多，言外之意也比較深，更需要聆聽者加以思考、理解、體會。

只要是人，多少都好面子，即便是自己做錯事情，或理虧在先，也不希望受到他人指責。聰明的人必須理解這個道理，視客觀狀況彈性調整自己的語言策略，以求說服對手，達到目的。

一位出差洽公的老先生，在廣州的街頭小攤上買了幾件衣服。想不到付款時，賣衣服的女子見他的錢包裡有幾百元美鈔，竟生了邪念，趁他不注意，偷偷把錢包塞進了衣服堆裡。

老先生發現錢包丟了，十分著急，眼見身邊沒有其他人此時只有他們兩人，確信是對方動了手腳，可賣衣服的女子非但不承認，還態度強硬地說：「你說是我拿了？那去叫警察來啊！」

老先生不急不徐地說：「別緊張，我沒說是妳拿了，是不是忙中出錯，混到衣服堆裡去了？請幫我找找吧！我一下子照顧了妳好幾百元的生意，妳怎麼能這樣對我呢？」

「想想，妳年紀輕輕的，在這個熱鬧街道擺攤，信譽要緊哪！再說，人家託我買東西，好不容易湊齊了百來塊錢美鈔，丟了讓我怎麼交代？妳就當行行好，幫我找一找吧！」

女老闆聽了這番中肯委婉的話，只好訕訕地說：「我幫你找

找看就是。」

　　老先生一聽，立刻擺出感激涕零的模樣，答道：「太好了，我就知道妳是好心人，一定會幫忙的。」果然，女子順水推舟，在衣服堆裡翻弄一陣以後，便「找出了」錢包。

　　透過一來一往的對話，你看出老先生採用的策略了嗎？

　　他沒有直接指責對方偷了錢包，而是表示可能忙中出錯，混到衣服堆裡。這句話給了對方一個下台階，為回心轉意創造了條件。接著，又進一步暗示、開導，要女老闆珍惜名譽，還談了自己的困難，以搏取同情。眼見對方略有醒悟，他馬上給予熱切鼓勵。最後，終於成功促使女老闆良心發現，將錢包歸還，免去一場重大損失。

　　自始至終，老先生都沒有追究對方的錯誤，而是以堅定意志與和緩態度並行的方式，將對手一步步地導向目標。

　　這種談話風格，一般表現得較為委婉含蓄，特點是言辭柔和、語義曲折，表達上儘量做到簡約婉轉，留有餘地。這種說話方式的技巧在於不直接說出需要傳送的資訊，而是把真正的意思藉偽裝修飾後的語言婉轉地表達，再輔以面帶微笑的平和神情。

　　這種說話方式能給對方溫文爾雅、不同流俗的印象。即便表達的是與對方相左的意見，也會因為刺激性較低而有效避免衝突，緩和矛盾，使談話在友好、寬鬆氣氛下進行。

　　委婉含蓄的語言中蘊藏的思想和情感較多，言外之意也比較深，更需要聆聽者加以思考、理解、體會。由於真正的意思不由說話人直接說出，也就不容易落人話柄，降低了在談話中陷於被動或僵局的可能性。這不僅是自信、堅毅的表現，更展現了說話辦事的優勢，值得有志強化自身談話功力的人揣摩、善用。

猛攻不見得管用

當對手怒火中燒時，請千萬先停下自己的攻勢，替他們找一個可以發洩的出氣孔，等氣頭過去、一切冷靜後再談。

　　只要善於應用言語，並選擇最適宜的談話方式，無論在談判交涉過程中談的是什麼樣的生意，碰上什麼樣的對手，都能達到預期效果。

　　有一次，房地產大王約瑟夫接受政府委託，前往拍賣紐澤西州開普頓一帶的房子。這一帶的房子，原本提供給在船廠工作的人們當宿舍，但卻沒料到在拆遷上碰到很大的困難，現有的「屋主」們以「政府當初命令我來住，現在怎麼可以又把我趕走」為理由，竭力反對。

　　由於他們的人數較多，且態度強硬，使約瑟夫大深感為難，十分苦惱。

　　面對這樣一群幾乎不講理的民眾，假如自己的處置失當，勢必將遭受攻擊，該怎麼辦好呢？

　　當然，約瑟夫可以說自己只不過奉命行事，把一切責任都推給政府，使群眾無言可對。然而，他也知道，假如這樣做，就不是個聰明的房地產商了。一味指責別人的錯誤，將責任推卸乾淨，不會產生積極效果。

那麼，他決定採取的辦法是什麼呢？

約瑟夫讓拍賣活動搶先在宣佈時間的前一小時便展開，理由是他知道群眾必定會在拍賣時間湧入會場，鼓譟搗亂，所以寧可提早，使他們措手不及。此外，他更聰明地打探出已有某位住戶願意參與競標，也知道對方能夠負擔的金額，便第一個選定那一棟房屋作為拍賣物件。

約瑟夫說：「知道那位住戶願意購買後，我便選定那棟房子作為第一個交易物件，並讓他順利得標。因為那位住戶如願以償，有效平撫了其他人的怒火。事實上，他們之所以強烈反對，是因為以為政府要趕走他們，如今既然有了購屋機會，事情就容易解決了。」

「那天，一切照我擬定的計劃進行，十分順利。那位住戶成功購得他的房子，所有前來搗亂的人見狀，都當場歡呼起來。原先想痛打我一頓的人，全部把我當成了朋友，甚至把我高高舉起來歡呼！」

將約瑟夫的經驗運用在商務談判上，可以得出什麼結論？

很簡單，就是不要「硬碰硬」。

當對手怒火中燒時，請千萬先停下自己的攻勢，替他們找一個可以發洩的出氣孔，等氣頭過去、一切冷靜後再繼續談判，而非於火上加油，否則將導致兩敗俱傷，一事無成。

化解反感，言語必須委婉

「委婉說服術」易於接受，所以在商務交易中被廣泛採用，成為讓固執難纏對手低頭的法寶。

很多人以為要說服別人，一定要理直氣壯，從氣勢上壓倒對手，實在是大錯特錯。

實際上，「委婉」也是一種很好的說服術。

所謂委婉說服術，是指以動聽悅耳的言辭、溫和柔軟的語氣、平易近人的態度、曲折隱晦的暗示為手段，使對方理解自己、信任自己，從而拉近距離，達到說服的目的。

有一回，因為得到有利情報，法國企業家拉蒂爾專程趕往印度新德里拜訪拉爾將軍，談一樁關於飛機銷售的大買賣。

抵達新德里之後，拉蒂爾立刻與拉爾將軍展開約談，希望盡快找到機會見面，可是，對方的態度卻相當不友善，因此未能馬上如願。

幾次交涉仍不得要領，迫不得已，拉蒂爾只好說：「我僅以私人名義拜訪，十分鐘便足夠了。」好不容易終於得到了許可。

會面地點選在辦公室，一見面，將軍便表示出相當不耐的樣子，擺明了想趕快把客人打發走，拉蒂爾卻不洩氣，簡單問候之後，他說：「將軍閣下，您好。我衷心向您表示謝意，感謝您對

敝公司採取如此強硬的態度。」

這是怎麼回事呢？將軍頓時感到有些莫名其妙，接不上話。

拉蒂爾接著又說：「因為您，使我得到一個十分幸運的機會，得以在生日當天回到自己的出生地。」

「你是在印度出生的嗎？」將軍微笑了。

「是的。」拉蒂爾見對方態度有些軟化，立刻將話題延續下去。「我是在加爾各答出生的，當時家父是法國歇爾公司駐印度代表。印度人民相當好客、友善，我們全家在這裡得到了很好的照顧。」

拉蒂爾娓娓地談起對童年生活的美好回憶：「還記得三歲生日的時候，鄰居的一位印度大媽送我一件可愛的小玩具，我和印度小朋友一起坐在大象背上遊玩，度過相當幸福的一天。」

拉爾將軍被深深感動，當即提出邀請：「能在印度過生日實在太好了，不嫌棄的話，我想請您共進午餐，表示祝賀。」

「委婉」攻勢已經取得初步成效，但要真正達到目的，還需更進一步。

汽車駛往餐廳途中，拉蒂爾打開公事包，取出一張已泛黃的照片，雙手捧著，恭恭敬敬地展示在將軍面前，說道：「將軍閣下，您看這個人是誰？」

「啊！這不是聖雄甘地嗎？」

「是的，您再瞧瞧左邊那個小孩，那就是我。四歲時，我和父母一道回國，十分幸運地和聖雄甘地同乘一艘輪船，留下這張合影。我父親一直珍藏著這張照片，這次回到印度，我無論如何都要拜謁聖雄甘地的陵墓。」

「你對聖雄甘地和印度人民的友好態度，實在是太令我感動了。」拉爾將軍激動地說。

自然，午餐是在親切融洽的氣氛中進行的。當拉蒂爾向將軍告別時，這宗大買賣已經拍板成交了。

回顧整個會談的進行，我們可以發現，面對不友善氣氛，拉蒂爾並沒有莽撞地硬碰硬，而是以非常委婉的語言，動人的回憶，巧妙地與將軍展開交談，透過融洽祥和的氣氛進行說服，從而使買賣成交。

這就是「委婉說服術」的生動體現，也正因為它易於讓各種性格的人接受，所以在商務交易中被廣泛採用，成為讓固執難纏對手低頭的法寶。

Chapter 4

據理力爭，
不一定要大聲

據理力爭不一定要大聲，

　　如果可以藉機製造和樂的氣氛，

使大家放下彼此之間的敵意，

　　豈不更有機會「爭」到手嗎？

傾聽才是溝通的最高境界

「傾聽」是與人交流溝通的最高境界，將對方表達的意思，瞭解清楚之後，才表達自己的看法，這種溝通的成功率極高。

有一個青年去找哲學家蘇格拉底，想要向他學習演講的技巧。青年一見到蘇格拉底，就滔滔不絕地介紹自己的理想和抱負。好不容易等他說完了，蘇格拉底才說：「要教你演講可以，但是我要收兩倍的學費。」

青年一聽，覺得很奇怪，問道：「為什麼教我要收兩倍的學費呢？」

「喔，」蘇格拉底看了看青年一眼，「因為我得教你兩門學問，一是教你怎麼開口，二是教你怎麼閉嘴。」

經常有人誤以為交流、溝通就一定要靠嘴巴說話，其實這是不對的觀念。我們可以用筆溝通、用肢體溝通、用眼睛溝通、用微笑溝通⋯⋯，最厲害的則是用傾聽來溝通。

想溝通當然得看自己處於什麼狀況，再選擇用什麼方法溝通。如果你是團體的領導人，那就更要懂得這一點。

個性獨裁跋扈的人，往往只專注於意見的表達，不懂得傾聽的藝術。當他說話告一段落沉靜下來，似乎是在聽別人的意見，但是一開口卻根本接不上別人的話。原來，他中止的時候，還是

在想下一句要說什麼。遇到這種人,別急著發火,不妨使出「沉默的抗議」,讓他說個夠。

　　世界知名的大音樂家李斯特,在俄國巡迴演出時,應沙皇之邀到克里姆林宮演奏。沒有想到,就在演奏進行當中,沙皇不但很傲慢地躺在沙發上,還不斷和旁邊的人聊天。

　　李斯特氣極了,根本沒有心情好好地演出,瞪了沙皇一眼。可是,沙皇一副毫不在乎的樣子,依然不斷講話。

　　李斯特雖然憤怒,可是臉上仍保持著一副平和的樣子,接著一言不發地蓋上琴蓋,中止了演出。

　　沙皇見了覺得很奇怪,叫侍從去問音樂家為什麼不演奏了。李斯特故意提高音調,但是仍然溫文有禮地大聲回答:「喔!沒什麼,只不過大家都在聽陛下說話,我也應該靜下來,不要打擾陛下說話。」

　　沙皇一聽,尷尬地笑了笑,停止了說話,等到了大廳一片靜寂之時,李斯特才又打開琴蓋,若無其事地繼續演奏。

　　「傾聽」是與人交流溝通的最高境界,真正的傾聽不但是要用耳朵聽,還要用心去聽,真正能夠將對方所表達的意思,瞭解得清清楚楚之後,再經過腦袋客觀地分析、研判。

　　一旦思考有了結論,才運用說話的技巧妥當表達自己的看法,這種溝通方式的成功率極高。

想征服世界，先征服自己

想要征服世界，你必須先征服自己，能夠成功控制自己情緒，隨時幽自己一默的人，才是真正的成功者。

所謂「成功」的人，是指「成功」控制自己情緒的人；不動輒動怒、發飆，才能有圓融的人際關係，才能一步步達成自己的目標。

自律是一種對他人的尊重，同時也是對自己人格的提升。別人可以不管你，但是你不能管不住自己。

有一家公司為了提升服務品質，對內部員工頒佈了一項新規定：「凡本公司員工上班時間必須穿著制服，儀容整潔。說話態度力求親和，不得使用不當言語互相指責……」

有了這項規定之後，公司的風氣頓時變得「文謅謅」了起來，大家不敢隨意批評別人，說話時的用字遣詞也相當小心，希望可以做到上頭所要求的「親和」、「文雅」。

有位主管交代屬下一件案子，但是這個屬下卻錯誤百出，擺明了心不在焉，主管再三叮嚀，說明了怎麼做才妥當，沒想到再度呈上來的案子，依舊狗屁不通，越改越不像樣。

自作聰明的屬下還得意洋洋地在主管的批示旁邊畫了一隻「蟬」，表示「知了」。

這無疑是火上澆油，主管原本只是怒火中燒，看了這隻搖頭擺尾的「知了」，立刻火冒三丈，恨不得不顧一切破口大罵。

只是礙於新規定，身為主管怎麼可以知法犯法？

因此，聰明的主管壓抑住自己的怒氣，拿出筆來，在那隻「蟬」的尾巴後面加上了一團煙，交還給負責的屬下。那團煙的意思是：「知了！知了個屁！」

希臘哲學家亞里斯多德在《尼可馬亥倫理學》中提出：「人都會生氣，這沒什麼難的。但是，要能適時適所、以適當的方式對適當的對象，恰如其分地生氣，可就難上加難。」

想想看，若是上帝不懂得自律，那麼世界會亂成什麼樣子，就連上帝也要自律了，更何況平凡如我們？

清太祖努爾哈赤也有一套打仗的哲學，他曾這麼說：「打仗有很多種，但是最終的原則只有一種──要先制服自己，才能制服別人。」

想要征服世界，你必須先征服自己，能夠成功控制自己情緒，不動不動就惡言傷人，隨時幽自己一默的人，才是真正的成功者。

據理力爭，不一定要大聲

據理力爭不一定要大聲，如果可以藉機製造和樂的氣氛，使大家放下彼此之間的敵意，豈不更有機會「爭」到手嗎？

「爭取」這個字眼給人的感覺一向都是很強硬的，但是，真正高明的「爭取」不是「強奪」，而是在談笑風生之間達成自己的目標⋯⋯

一位美國詩人曾經寫道：「當生活像一首歌一樣輕快流暢時，笑口常開是很容易的；可是，能在面臨挫折和低潮時，還能面帶笑容的人，才是真正活得有價值的人。」

人應該培養積極開朗的心態，讓自己充滿幽默感，因為幽默經常就是解決紛爭的最佳利器。

一九四六年，「遠東國際軍事法庭」審判日本甲級戰犯之時，邀請了十個參戰國的法官們參與，人多口雜必然衍生紛爭，來自各國的法官們一開始就為了在法庭上的座次問題，展開了一場激烈的爭論。

照理說，中國法官應該排在庭長左邊的第二個座位，可是由於中國國力不強，因此各強權國都不肯讓步，堅持要把中國擠到角落的位置。

儘管列強環伺，中國法官梅汝璈仍然堅持不肯低頭，斬釘截

鐵地說：「排座次應該按照日本投降時各國簽字的排列順序，這是唯一正確的原則。當然，如果各位不贊成這個方法，我們不妨找個體重計來，然後按重量的輕重排座，體重最重的坐中間，體重較輕的坐兩旁。」

各國法官聽了，忍不住地笑了起來。

庭長笑著說：「那是拳擊比賽才會這麼做的。」

梅汝璈不卑不亢地接著說：「如果不以受降國簽字順序排列，那麼就請大家按體重來排列吧！這樣的話，即使我敬陪末座也可以心服口服，也才好對我國家的人民有所交代；要是我的國家看不慣我坐在邊邊，大可派另一名比我肥胖的人來取代我的位置！」

這一說，所有法庭上的人不但笑了，從此還對他刮目相看。

梅汝璈重視的不是自己個人的座次，而是在遠東國際軍事法庭上，他代表著國家，他的座次也正是國家和民族尊嚴的象徵，絕對不可以輕讓，無論如何非得據理力爭不可。

只是，所謂的據理力爭，不一定要大聲咆哮，也不一定要強硬地拍桌子、摔椅子，如果可以用幽默的方式藉機製造和樂的氣氛，使大家在談笑間放下彼此之間的敵意，豈不更有機會「爭」到手嗎？

說太多遍，只是惹人心煩

世上沒有什麼大道理，非得要一天到晚說個不停才行，即便是以「愛」為名，以「關心」為由，也只會徒惹人心煩。

《聖經》上說：「有些人保持沉默是因為無話可說，有些人保持沉默則是因為懂得說話要適時。」

在適當的時候沉默，需要相當的智慧，尤其在這個口水滿天飛的時代更是如此。學習沉默，不僅是要少說些「不該說的話」，同時更是要用沉默，突顯出那些「該說的話」的重要性。

罵人的藝術也是如此，批評別人的時候若是把同樣的話說了一遍又一遍，嘮叨個沒完，那麼即使是出自一片好心，仍然不是睿智的行為。

清末光緒年間，有個叫何梅谷的人，以研究孔孟學說聞名於世。但他的老伴卻特別信佛，在客廳裡的神桌上供奉了一尊高價買來的觀音菩薩，天天對著觀音菩薩唸「大慈大悲救苦救難觀世音菩薩」，而且每天從早到晚要唸上一千遍。

雖然何梅谷待在自己的書房裡研讀四書五經，但他的夫人在客廳裡絮絮叨叨地不斷唸佛，那嗡嗡的聲音就像蚊子飛舞聲一樣從門縫、窗縫傳過來，弄得何梅谷根本無法集中精神讀書。

何梅谷和顏悅色地要求夫人不要再唸了，但她不聽；他又語

重心長地跟她講道理，說這樣做既徒勞無功又影響他人清靜，但她還是不聽。

一天晚上，何梅谷在書房裡踱來踱去，苦思勸阻夫人不斷唸佛之道。突然他腦門一拍說：「有啦！就這麼辦！」然後便高興地上床睡覺去了。

第二天吃過早飯後，何梅谷的夫人照舊在客廳裡唸「大慈大悲救苦救難觀世音菩薩」。這次，何梅谷不再阻止她，隨即到書房看自己的書。正當他的夫人唸得起勁時，他突然在書房裡喊叫：「夫人！」

夫人聽到何梅谷叫她，以為有什麼事，便停止了唸佛。可是，她一推開書房的門，卻看到何梅谷正襟危坐，全神貫注地在看書，以為自己聽錯了，就關上房門又返回客廳。

夫人坐在蒲團上，又開始唸起佛來，剛唸了幾句，何梅谷又在書房裡叫：「夫人！」

她只好又站起來，推開書房的門問何梅谷到底有什麼事，可是何梅谷不予理睬，繼續搖頭晃腦地讀書。

夫人只好返回客廳，再次唸起她的「大慈大悲救苦救難觀世音菩薩」。

可是，才開始唸，何梅谷又在書房裡叫起「夫人」來了。

如此往返幾次，何梅谷的夫人大怒說：「沒完沒了的，你煩不煩人啊？」

何梅谷等的就是這句話，慢條斯理地說：「才叫妳幾遍，妳就生氣了，妳一天唸一千遍『觀世音菩薩』，菩薩難道就不煩嗎？祂一煩還會保佑妳嗎？」

何梅谷夫人頓時醒悟了，從此再也不日誦千遍佛號了。

　　以我們凡人的智慧，當然不會知道菩薩每天聽一千次，究竟煩不煩，不過，可以肯定的是，何梅谷已經被煩得受不了，才會想出這個方法！

　　英國的班‧強生曾經說過：「一個人的失敗，往往是因為他話說得太多，而不是因為他不講話。」

　　同樣的一句話，如果只說一次，那句話的力道就有十分；相對的，若是說了十次，每句話的力道就只剩一分了。

　　話要說，就要說到尖上、說到妙處，如果扯了一堆都不是重點，甚至叨叨唸唸，翻來覆去都說一樣的話，實在不應該怪別人「老是不聽我說話」。

　　世界上沒有什麼大道理，非得要一天到晚說個不停才行，同樣的話說太多遍，只會徒惹人心煩。到最後，什麼目的也沒有辦法達到的，不是嗎？

　　倒不如像何梅谷一樣想個有用的招數，一句話就達到醍醐灌頂的功效。

善用同理心博取對方認同

> 只要能充分表達同理心，就能免去爭執，消除
> 對方的負面情緒，並創造出良好的氣氛，即使
> 是壞脾氣的老頑固，態度也會不自覺地軟化。

　　理查‧焦爾達諾曾經說過：「衡量一個好的領導人，標準是
不管他做了什麼事，員工還是會追隨他。」

　　的確，一個好的領導人，並非完全不會犯錯，而是當他犯錯
的時候，仍然有辦法越「錯」越勇，越「錯」越能得到下屬對他
的擁戴。

　　想達到這種境界，訣竅就是運用同理心爭取部屬認同。

　　如何運用同理心是交際藝術中非常重要的一點，人類社會正
是因為人們互相勉勵和安慰，心靈上相互理解，才發展到現在這
個水平。

　　鋼鐵大王卡內基就常對犯錯的部屬這麼說：「努力做吧！憑
著你的聰明才智，肯定會做出一番成就的。」還有：「只要你堅
持下去，成功之路就會展現在你面前。」

　　部屬們常常在這樣的言語激勵下，獲得信心和勇氣。

　　另外，同理心對緩和狂暴的感情有很大的幫助。據調查，有
百分之七十五的人都渴望得到別人的同情，所以領導者若是懂得

同情部屬，便會受人喜歡。

眾所周知，每一任白宮的主人每天都要遇到很多棘手的問題，羅斯福總統也是如此，但是他憑著多年的經驗，總結出「同情」在和緩、撫平狂暴感情上有著巨大的價值，並且在他的《服務的道德》一書中，詳細說明了他如何應用「同情」來平息一位母親的怒火。

有位住在華盛頓的女士，憑藉著她丈夫在政治領域有一定的威信，不斷糾纏羅斯福長達六個多星期，請他為她兒子安排個合適的工作，後來，甚至還請了許多參議員和眾議員幫她，一起拜會羅斯福。

但她要求的那項職位的擔任者需具備一定的技術條件，因此羅斯福根據局長的推薦任用了另一個人。不久後，他便接到這位母親的來信，信中罵他是世界上最差勁的人，還在信中說她將和某個州代表共同反對一項羅斯福正打算批准的法案，她說這是他應得的報應。

看了那封信後，羅斯福並未大發雷霆，反而靜靜地坐下來，盡可能用禮貌的語氣寫了封回信給她。信中說，碰到這種事，身為一個母親肯定十分失望，但事實是任命誰，並非由總統個人來決定，希望那封信能化解她的怒氣。

過了一段時間，羅斯福收到一封聲稱是她丈夫的來信，但這封信的筆跡和之前的一模一樣。信上說，因為他太太在這件事情上受到嚴重的打擊，導致神經衰弱，臥病於床，現已演變成胃癌，最後問羅斯福能否把那個職位給他兒子。

「我不得不再寫一封回信，當然，這次是寫給她丈夫的。我在信中說我很同情他們的遭遇，並希望他夫人的診斷結果不是真

的，但是要把已任命的人換掉是不可能的。過沒多久，我在白宮舉行了一次音樂會，讓我意想不到的是，最先向我夫人和我致敬的，竟是這位丈夫和他差點『死去』的妻子。」

羅斯福總統的例子證明同理心的作用力相當大，足以改變一個人的看法。

日常生活中或工作場合裡，我們都會碰到不合情理的要求，面對這種情況，犯不著動怒或嚴詞批評，反而要運用同理心，真心誠意地說：「我能理解你有這種感覺。如果我是你的話，也會跟你有相同的想法。」

只要能充分表達同理心，就能免去爭執，消除對方的負面情緒，並創造出良好的氣氛，即使是壞脾氣的老頑固，態度也會不自覺地軟化。

站在對方的立場分析事情

試著站在對方的立場上分析事情，如此對方就會比較容易接受你的想法，這正是「同理心」在人際關係和管理工作上最大的作用。

滿古是吐薩市一家電梯公司的業務代表，這家公司負責維修市裡最高級飯店的電梯。該飯店為了營運效益，每次電梯維修只准停兩個小時，但一般維修至少要花八個小時，而且在飯店停用電梯的這兩個小時內，滿古的公司又不一定能派得出工人。

於是，滿古派出公司內最好的技工，同時也打電話給這家飯店的經理。

他沒有花時間和經理爭辯，只是說：「瑞克，我知道你的客人很多，也知道你不想影響飯店的效益，所以儘量減少停用電梯的時間，我們也會儘量配合你的要求。但你知道，當我們檢測出故障而又不能把它徹底修好的話，那麼電梯的情況會更糟的，到最後可能還要多耽誤一些時間，我知道你絕對不會願意讓客人好幾天都無法使用電梯的。」

聽完這段話後，經理不得不讓電梯停開八個小時，畢竟這樣總比停用幾天要好多了。

滿古站在飯店經理的立場，從客人的角度去分析電梯維修問題，自然很容易就獲得了經理的同意。

諾瑞絲是一位鋼琴教師,她的學生貝蒂總留著長長的指甲,問題是想要學好鋼琴,就不應留長指甲,於是諾瑞絲打算勸貝蒂剪去她的指甲。

但上鋼琴課之前,她們的談話內容根本沒有提到貝蒂指甲的問題,這是因為那樣做可能會打消她學習的意願,而且諾瑞絲也很清楚貝蒂非常以她的指甲為榮,經常花很多功夫照顧它。

一陣閒聊之後,諾瑞絲覺得開口的時機已經到了,因而就對貝蒂說:「貝蒂,妳的指甲很漂亮呢!妳也想把鋼琴彈得這麼美嗎?要是妳能把指甲修得短一點的話,妳就會發現把鋼琴彈好是很容易的。」

貝蒂聽了之後,對她做了個鬼臉,意思是否定了她的提議。

然而,出乎諾瑞絲意料之外,當貝蒂下個星期去上鋼琴課時,竟然把她心愛的指甲剪掉了。

諾瑞絲成功了,可是她並沒有出言責備,也沒強迫孩子那樣做,她只是暗示她:「我很同情妳,我知道妳一定很不忍心剪去妳的漂亮指甲,但妳若是想在音樂上得到收穫,恐怕就一定得這麼做。」

由此可見,想達成目的,不一定要使用威嚇、命令的方法,施壓只會造成反彈。想要別人接受你的意見,就要先對他表示出同情與了解,並試著站在對方的立場上分析事情,如此對方就會比較容易接受你的想法,這正是「同理心」在人際關係和管理工作上最大的作用。

先考慮場合再開口

 在任何場合開口說話時，一定要三思而後言。古人常說的「禍從口出」，就是因為不考慮清楚就開口，為自己惹來麻煩。

在人際交往的場合中，有些狀況會令對方相當尷尬、難堪，甚至因此惱羞成怒。會造成這種情況，多半是說話的人不考慮時間、地點，說出不合場合的話語，結果即便是好意，也會惹得對方不愉快。有些不合時宜的安慰話語就是如此。

辦公室裡有位女同事談戀愛受挫，好不容易鼓起勇氣向對方告白卻被拒絕，心裡相當傷心難過。

她的性格內向又不善言談，也就沒有向他人吐露內心的秘密。公司裡一個與她很要好的同事見她愁眉不展，得知原因後，就當著眾人的面安慰她說：「那個人有什麼好？憑妳的條件，一定可以找到更好的！」

可是，話還未說完，那名失戀的女同事就跑出辦公室了。

這時，她才發覺在這樣的場合中，這樣的安慰話有些不妥當，把事情原委說開，已經讓對方受到傷害了。

幾句安慰話倒成了彼此間尷尬的原因，由此可見，即使說安慰話也要考慮對方的性格，更要考慮時間和場合的問題。對性格

內向的人，不宜在眾人面前直接給予安慰，尤其是涉及別人的隱私時，更不宜在公開場合安慰對方，以免「走漏風聲」。總而言之，在說安慰話時，還得隨不同對象而有不同的應對方式。

另外，有一些人在說話時，總是直來直往，容易惹人生氣、把事情搞砸，這是因為這類人缺乏場合意識的關係。

他們對人很誠實，談論事情時往往只從個人主觀感覺出發，以為只要有話就應該說，心裡有什麼嘴上就說什麼，不管什麼時間、地點、場合都是如此，結果常常冒犯了人，自己還不知道問題出在哪裡。

有兩個老工人平時愛開玩笑。若有幾天沒有見到彼此，一見面就會說：「你還沒死呀？」通常對方也不計較，只回說：「我等著你送花圈呢！」兩個人相對哈哈一笑了事。

後來，甲工人因重病住院，乙工人去醫院探望他。結果一見面，乙就像平常一樣，開玩笑說：「你還沒有死呀？」

這一次，甲工人馬上就發火了，生氣地說：「你死出去！」

這是因為對方正生病住院，心理壓力很大，結果乙工人又對著憂心忡忡的病人說「死」，對方怎能不反感、惱怒？

就算乙工人沒有惡意，只是想逗對方開心，卻缺乏場合意識，開玩笑弄錯了地方，才使得對方不愉快。

因此，在任何場合中開口說話時，一定要三思而後言。古人常說的「禍從口出」，就是因為不考慮清楚就隨意開口，為自己惹來麻煩。

尤其在商場上活動的人，每天見面的人更多，彼此間的利益關係又複雜，更要有場合意識，養成「三思後言」的好習慣。

大事化小，小事儘量打消

化解爭執不代表放棄原則，而是用更成熟的態度應對，用最大誠意去解決所有遭遇到的不快。

一八五五年，列夫·托爾斯泰在聖彼得堡認識了屠格涅夫，兩人意氣相投，很快成為了好朋友。

一八六一年，屠格涅夫的名著《父與子》正式完稿，邀請托爾斯泰蒞臨鑑賞。午餐過後，托爾斯泰因為想要午休，無法鑑賞稿子，醒來之後發現屠格涅夫已經逕自出門了。

次日，屠格涅夫稱讚女兒的家庭教師教女兒為窮人著想，為慈善事業捐款，不料托爾斯泰竟帶著諷刺的口吻說：「我沒想過一位穿著華貴的小姐，膝上放著窮人破爛的衣服，表演一幕不真實的舞台劇，也可以得到讚賞。」

屠格涅夫一聽怒不可遏，大聲咆哮：「這麼說，我把女兒教壞了？」

托爾斯泰自然也不甘示弱，繼續回敬，兩人不僅吵得面紅耳赤，後來甚至大打出手，從此斷絕往來達十多年。

一八七八年，托爾斯泰在內疚且不安的情況下，決定採取主動，寫信向屠格涅夫致歉，信中說道：「我對您沒有任何敵意，但願您也是這樣。我知道您是善良的，請原諒我的一切。」

屠格涅夫收信之後立即回信：「收到您的來信，我深受感動，我對您沒有敵意，只剩下深深的懷念。」

兩人好不容易總算重修舊好，但事隔不久，關係又險些出現危機。好在不經一事不長一智，這一回，他們至少知道該如何正確化解。

事情經過是這樣的：這一年，在托爾斯泰的熱情邀請下，屠格涅夫前往對方的波良納莊園作客。在打獵途中，屠格涅夫發現一隻山鷸，立刻瞄準並開了一槍，接著大喊：「打中了！快點讓狗去撿！」狗回來了，卻一無所獲。

「說不定只是受傷而已，沒有直接命中。」托爾斯泰說：「如果打死了，狗不可能找不到。」

「不對，我看得清清楚楚，肯定是死了。」

雖不至於吵架，但兩人心理都不太舒服。當天晚上，托爾斯泰命兒子再去仔細搜索，總算把事情弄清楚，山鷸的確被打中，但卡在樹枝上。

人與人的相處總難免摩擦，這時如何做到大事化小、小事化無，就是對智慧的最好考驗。化解爭執不代表放棄原則，而是用更成熟的態度應對。

冤家宜解不宜結，想要靈活處世、左右逢源，就應該用最大的誠意去解決所有遭遇到的不快，千萬不要讓舌頭動得比自己的腦袋還快。

訓斥，代表期待與重視

被上司責罵時，不要感到不滿，應抓緊機會儘量吸取經驗與教訓，揣摩上司的心意，下次自然能有更好的表現。

如果因為在眾人面前被上司責罵而感到非常丟臉，因此怨恨上司，甚至出言頂撞，那就大錯特錯了。

這時，應該換個正確的角度來想，認為上司是在培養自己、教育自己，而且也要認為眾人當中，只有自己才值得特別被責罵，代表自己在公司所有職員裡是最有前途、最受器重的，更可以認為「上司對我充滿期待」。

日本大企業家福富先生當服務生的時候，常常被老闆毛利先生責罵，但福富也因為他每次被責罵後，總能得到一些啟示，所以總是主動找機會挨罵。

每次遇見毛利先生時，福富絕不會像其他怕麻煩的服務生般逃之夭夭，反倒立刻趨前向他打招呼，並說：「早安！請問我有什麼地方需要改進嗎？」

這時，毛利先生便會指出他許多需要注意的地方。福富聆聽訓話之後，必定馬上遵照指示改正缺點。

福富會殷勤主動地到毛利先生面前請教，是因為深知年輕資淺的服務生，很難有機會和老闆直接交談，因而只有自己主動把

握機會。而且福富向老闆請教時，通常正是老闆在視察自己工作的時候，這就是向老闆推銷自己的最佳時機。

所以，毛利先生對福富的印象就比其他任何員工都來得深刻，對福富有所指示時，也總是親切地直呼他的名字，告訴他什麼地方需要注意。

福富就這樣每天主動又虛心地向毛利先生討教，持續了兩年之久。有一天，毛利先生對福富說：「據我長期觀察，發現你工作相當勤勉，值得鼓勵，所以明天開始請你擔任經理。」就這樣，十九歲的服務生一下子便晉升為經理，在待遇方面也提高很多。

其實，在職場上，被人指責訓誨，就是在接受另一種形式的教育。對於毛利先生一年三百六十五天的個別教導，福富至今仍感謝不已。

這個例子提醒我們，在被上司指責或訓誨時，千萬不要心生不悅，非但要認真專注地聆聽，聽完之後，更要面帶笑容，以愉悅的口吻回應：「是的，我知道了，我現在馬上去做，下次一定會多加注意。」

相反的，如果遇到這種情況時，擺出一張臭臉，心裡暗暗咒罵，必然會讓上司認為你心存反抗而感到不愉快。

換言之，靜靜地接受上司的指責、聆聽訓誨，並保持不失禮的和悅態度，就是使上司對自己留下好印象的竅門。

事實上，公司裡最沒有前途的人，正是被上司忽視的人。所以，被上司責罵、訓斥時，不要感到不滿或自覺深受委屈，應抓緊機會儘量吸取經驗與教訓，揣摩上司的心意。如此一來，下次自然有更好、更合上司心意的表現，日後自己也才有可能成為更優秀的領導者。

Chapter 5

用對方的邏輯
解決問題

當我們遇到固執己見的對手，

　費盡唇舌也難以說動時，

　　應該順著對方的思路與邏輯，

才可能動搖得了他的想法。

用幽默的力量解決麻煩

會運用幽默感的人，懂得臨機應變，讓它替自己說出本該認真地指陳的問題或弊病，而又能不傷害彼此的尊嚴與感情。

德國文學家拉布曾經這樣說道：「幽默，是生活波濤中的救生圈。」

人活在這世上，一定要有一點幽默感。東方人多半欠缺這方面的悟性，難免缺乏一些進退之間的潤滑劑。

凡事都太認真看待，是一件很累人的事。有的時候生活上遇到一些困難或不滿，費盡心力仍無法解決時，不妨改用比較幽默的方式，開開自己與他人一個玩笑，說不定反倒會為自己找到另外一條出路。

解縉，是明代文學家，永樂初年擔任翰林學士。

他從小就喜歡吟詩作對，十幾歲時已名聲遠播了。當時，他家附近住著一位告老還鄉的李尚書，聽說解縉很有才學，便把女兒許配給他。

有一天，皇帝忽然下了一道聖旨給李尚書，要他進貢公雞蛋。李尚書接到聖旨，魂都嚇飛了，世上哪有公雞蛋呢？

原來，李尚書在朝為官時得罪過幾個人，告老還鄉後，那幾個人還是不放過他，在皇帝面前說李尚書家裡有公雞蛋，皇帝才

下了這聖旨。

李尚書急得不知如何是好，他的夫人說：「你總是誇解縉聰明，現在出了這樣為難的事，何不叫他來商量一下？」

李尚書心想有理，急忙喚人將解縉找來。

不久，解縉來到李尚書家聽了此事，就咯咯笑起來：「這樣一點芝麻大的事，有什麼好急的？這樣吧，我替你到京城進貢公雞蛋。」

李尚書擔憂地說：「世界上根本沒有公雞蛋，你怎麼去進貢啊？弄得不好可是會犯欺君之罪。」

解縉答道：「別擔心，我有辦法。」

李尚書不知他葫蘆裡賣什麼藥，自己又想不出別的法子，只好依著解縉，一切照他說的辦了。

後來，解縉到了宮裡，施了禮後跪在皇座前。

皇帝一看是個年紀輕輕的少年，就問：「你叫什麼名字？哪裡人？來做什麼？」

解縉從容回答道：「小人姓解名縉，是代替李尚書來向皇上進貢的。」

皇帝又問：「李尚書是你什麼人？」

解縉答道：「他是我岳父。」

皇帝便問：「那你岳父怎麼不親自來呢？」

「我岳父生小孩，正在家裡坐月子，所以無法前來。」解縉這樣回答。

皇帝聽了哈哈大笑：「男人怎麼會生小孩呢？你分明是說笑話！」

解縉趕忙接口：「啟奏萬歲，男人不會生小孩，公雞哪會生蛋呢？」

皇帝一聽，覺得有理：「是呀，男人不會生小孩，公雞哪會生蛋？」

進貢公雞蛋一事就這樣不了了之。不但如此，皇帝見解縉聰明伶俐，很是喜歡他，就把他留在身邊，封他為學士。

解縉年紀不大，但在他與皇帝的應對中，詼諧與幽默的確為他化解了不必要的麻煩。我們是不是也能從中看出一些道理來呢？

世上原本就沒有公雞蛋，皇帝不加思索的一道聖旨，為李尚書家帶來了多大的麻煩！不過，解縉不因為對方是九五之尊的皇帝就膽小畏懼，反而大膽地以幽默的方式，指出皇帝這項要求的荒謬性，讓皇帝在哈哈大笑之餘，明白了自己的無理，順利化解了一場紛爭與災難。

幽默感有時候就是這麼奇妙。會運用它的人，便懂得臨機應變，讓它替自己說出本該嚴肅地、認真地、憤怒地指陳的問題或弊病，而又能不傷害彼此的尊嚴與感情。這種辦法，甚至比起板著臉說教更有效果呢！

愛說大話，只會被人當成傻瓜

 對於生活周遭那些動不動就愛說大話的人，如果你感到厭煩，不妨效法孔融的做法，給他們一些顏色瞧瞧。

英國的知名學者布爾沃‧利頓曾經這樣說過：「當你與半智半愚者談話時，不妨說些廢話；當你與無知者談話時，不妨大肆吹牛；不過，當你跟睿智的人談話時，就該非常謙恭，並且不要忘記徵詢他們的看法。」

布爾沃這幾句金玉良言，當然有其道理，不過糟糕的是，有許多人在說話的時候，常搞不清楚聽話的人是什麼來歷，說了半天盡是廢話；要不然，就是把聽眾通通當成傻瓜，大肆吹噓一番，卻不知道自己早已出盡洋相了！

東漢末年，北海地方出了一個很博學的人名叫孔融，是孔子的二十世孫。

孔融從小聰明過人，小小年紀已享有盛名。孔融同時是一個懂禮貌、講謙讓的人，「孔融讓梨」的故事可謂家喻戶曉。

當時，都城洛陽的行政長官李元禮是一位十分有名的學者，平日拜訪他的人很多，如果來訪者是個無名之輩，守門的人照例是不通報的。

某天，年僅十歲的孔融很想拜見這位大學者，來到李元禮的

官府門前,請守門人通報。守門人見他只是個孩子,打算隨便把他打發走。

孔融靈機一動,對守門人說:「我是李先生的親戚,他一定會見我的。」

守門人一聽說是李元禮的親戚,馬上通報主人。李元禮聽到守門人的通報後感到奇怪,自己並沒有這樣一位親戚,不過,還是決定見見他。

李元禮見到孔融,不禁好奇地問:「請問你和我有什麼親戚關係呢?」

孔融從容地回答道:「我是孔子的後代,您是老子的後代。天下人都知道孔子曾向老子請教過禮的問題,既然他們是師生關係,那我和您也是世交呀!」

李元禮家中當時有很多賓客在座,大家對年僅十歲的孔融竟如此博學和機敏感到驚奇。

其中一名賓客陳韙,對孔融的表現卻不以為然,當著孔融的面隨口說道:「小時了了,大未必佳。」

意思是說,小時候雖然很聰明,長大了卻未必能夠成材。

聰明的孔融聽了,立即笑嘻嘻地回應:「想君小時,必當了了。」言下之意,自然是說陳韙現在是一個庸才。

陳韙被孔融這句話堵住了,半天說不出話來,氣得滿臉通紅,最後在眾人的笑聲中,悻悻然地離開了。

孔融是中國歷史上的知名人物,他的故事被傳頌至今,而這位陳韙呢?若不是鬧了這樣一個笑話,恐怕他的名字也不會流傳到今天吧!

當時,陳韙不但頗有名氣,還官拜上大夫,平常就很心高氣

傲，當然對孔融這個小鬼頭充滿了輕視之意，沒想到竟被孔融當場反將了一軍，由此可見孔融罵人不帶髒字的功力。

話說了出去就收不回來，正是因為這樣，我們才更要小心謹慎自己說的每一句話，尤其要注意的是，別把聽話的人都當成傻瓜，以免挨了回馬槍。

對於生活周遭那些動不動就愛說大話的人，如果你感到厭煩，不妨效法孔融的做法，給他們一些顏色瞧瞧。

只要順著他們的語意使出回馬槍，就可以讓他們知道，當他們滔滔不絕地說著自己多了不起、多麼厲害的時候，有多少聽話的人在肚裡暗笑他們的淺薄無知呢？

亂拍馬屁,小心被踢

拍馬屁要有些技巧,沒有三兩下子可不能亂拍。拍錯了地方,會被馬踢得連翻幾個觔斗,可就出醜啦!

拍馬屁並不見得都是壞事,有時還是人際關係的潤滑劑,但是要拍得讓人舒服又不覺得肉麻,就有點學問了。

想拍馬屁,就要拍得精、拍得高明,巧妙之處在於輕輕地拍,巧妙地拍,拍得不臭不響,讓人覺得舒暢又開心。

如果練不好這種功夫,反而將別人的雞皮疙瘩拍落了一地,或是一不小心拍到馬腿上,惹得馬兒狂飆,還不如不拍!

有「太陽王」美譽的法國國王路易十四,平日喜歡寫詩自娛。有一次,路易十四寫了一首情詩,左看右看總覺得不是很好,這時,剛好元帥格拉蒙來晉見,他就將這首詩交給元帥。

他對元帥說:「格拉蒙,我覺得這首情詩寫得不好,你認為如何呢?」

格拉蒙很快看了看這首詩,隨即附和路易十四說:「誠如陛下所說的,這首詩簡直糟透了。」

路易十四一聽,扯著嘴角笑了笑說:「寫這首詩的人一定是個笨蛋。」

「是啊!絕對是個笨蛋。」格拉蒙在一邊附和。

路易十四正了臉色，慢慢地說：「喔！謝謝你，其實這個笨蛋就是我。」

大元帥一聽臉色大變，馬上紅著臉說：「陛⋯⋯陛下，讓我再看一遍，我剛才只是隨便瞧，沒有仔細看。」

馬屁拍得不巧妙還不要緊，最慘的是用力一拍，竟然拍到了人家的傷口處，讓人疼得哇哇大叫。

在不清不楚、模模糊糊的情況下，還是別逞強，省得一巴掌拍下去，反而激怒了馬兒，讓馬蹄給踢得四腳朝天！

政治人物難免需要新聞界配合，才能宣揚自己的理念。法國的政治家塔雷朗在一個宴會裡遇到了新聞界的權威人士威廉・柯貝特，為了與他建立良好的關係，便嘻嘻哈哈地說些笑話，攀點兒交情。

兩人說了一會兒話之後，塔雷朗忽然討好地對柯貝特說：「您是從牛津還是劍橋大學畢業的？」

他本來的用意是誇對方的學問好，必然系出名校，但是他並不知道柯貝特根本就沒有受過什麼高等教育，之所以成名，全是靠著自己的努力得來的。

這下馬屁可拍到馬腿上了，正觸痛了柯貝特的心事。

只見柯貝特笑臉一收，眉毛一揚大聲回答：「我可不是鱒魚，你再怎麼丟魚餌，我也不會上鉤的！」

不管稱拍馬屁為恭維、迎合或是妥協，主要目的就是想要藉由這種方式，尋求最佳的溝通切入時機，讓雙方產生共識。

藉由這種表達方式，可以激發對方的好感，使得良好的對話

氣氛得以延伸。有時候,眼見雙方就快要起爭執的時候,及時岔開話題恭維對方一番,也可以有效轉移目標,消除火藥味。

拍馬屁就像是調製一杯雞尾酒,覺得太辣了,就加上點兒甜酒;覺得有些淡,就加上點兒白蘭地。

但必須注意的是,拍馬屁要有些技巧,沒有三兩下子可不能隨便亂拍。

馬屁拍得生硬了,讓人覺得莫名其妙;拍得太明顯了,又讓人噁心;要是搞不清楚狀況,拍錯了地方,那就更慘了,不但話收不回來,人也會被馬踢得連翻幾個觔斗,可就出醜了!

用對方的邏輯解決問題

當我們遇到固執己見的對手，費盡唇舌也難以說動時，應該順著對方的思路與邏輯，才可能動搖得了他的想法。

英國作家薩奇博士曾說：「一個小小的詭辯，可以節省成噸的辯解。」

相信大家都曾遇到過類似這樣的困擾。很多時候，為了事情的需要，我們必須要去說服一些既固執又難以溝通的人。

他們很可能是我們的長輩或是親友，是街坊鄰居或是同公司裡不同部門的職員，甚至是路邊收破爛的老公公，或者是自己根本就不認識的人。

由於彼此的生長環境、教育背景以及生活體驗迥然不同，他們與我們習慣的語言邏輯可能不盡相同，思考方式也與我們迥異，我們常常花了許多心思、說了許多好話、費了不少唇舌，仍然無法達到溝通的效果。

這個時候，你會怎麼做呢？

東漢時代，在今天的南昌地區，有一位名叫徐童的少年，生性聰穎機智、善於論辯，在家鄉一帶聲名遠揚。

一天，有個叫郭林宗的老先生邀請徐童到他家做客。徐童剛踏進郭老先生的庭院，便看到一些人拿著鋸子與斧頭，正準備砍

倒院中的一棵大樹。

　　徐童看那棵樹枝繁葉茂、鬱鬱蔥蔥，覺得砍掉了十分可惜，於是對郭老先生說：「老先生，您看這棵樹足有上百年的樹齡，還長著圓形的枝蓋，披滿了綠色的葉子，就像一把巨大的華蓋傘。夏日能讓人遮陽乘涼，冬天能為人擋風攔雪，為什麼要砍掉它呢？不覺得太可惜了嗎？」

　　郭老先生聽完徐童的話之後，便哈哈大笑，說道：「是這樣的，我最近看了一本書，書中這麼說：『庭院天井四方方，方方正正口字狀，院子當中如有木，木在口中不吉祥。』我仔細地想了想，這說得很有道理啊！你看，木在口中，不就成了『困』字了嗎？你說，誰願意生活在困境中呢？」

　　徐童聽後，便對郭老先生說：「先生您剛才說的，表面上看來很有道理，但您卻忽略了另外一個問題。我最近也看了一本書，書中這麼說：『房屋造得四方方，方方正正口字狀，房屋當中如住人，人在口中不吉祥。』您想，人在口中，不正好是一個『囚』字嗎？誰願意在囚禁罪犯的牢房之中生活呢？如果因為『困』字不吉利，就要把庭院中的古樹砍掉，可是『囚』字就更不吉利了，這麼一來，屋中還能住人嗎？」

　　郭老先生聽後先是一驚，然後又哈哈大笑起來，連連誇讚道：「言之有理，言之有理，真是後生可畏，你堪稱是我的『一字師』啊！」郭老先生於是吩咐僕人們不要砍古樹，這一棵古樹便因為徐童的一席妙語而保住了。

　　這位徐童確實頗有才思，令人激賞，但是，我們應該效法的，並不是徐童玩文字遊戲的能力，而是他「用你的邏輯來駁斥你」的巧妙招數。

　　若是用環保、惜物等觀念與郭老先生溝通，企圖說服他，結果未必能夠奏效，因為我們認為重要的事情，別人未必如此認為。

　　尤其在雙方的歲數與成長背景、教育環境都有相當程度差異的情形下，我們的「道理」可能很難令對方信服。

　　不過，這個時候，不要放棄，也不要惹怒對方，而是應該儘量發揮自己思考的柔軟度與彈性，順著對方的思路與邏輯說話，才可能動搖得了他的想法，進一步說服。

　　世界上沒有完全無法溝通的人，關鍵在於要怎麼溝通、怎麼傳達我們的觀念。遇到固執己見的對手，費盡唇舌也難以說動時，不妨試試「拿他的邏輯來說服他」的妙招，也許會有令人意想不到的好結果呢！

「有效拒絕」是保護自己的秘訣

透過迴避主要問題，將話題引向細枝末節，這種方式無疑比較高明，既保護了自己，也替對方留了下台階。

保護自己的秘訣，就是學會適時「拒絕」。

當然，拒絕是有技巧的，拒絕的方式越風趣，就越能保護自己。相反的，要是不知道如何拒絕，只會傷人傷己。

有一位婦女個性溫厚、為人善良，只要朋友開口，即便是無理的要求，也會答應下來，因為她總是不好意思拒絕別人。

但這樣下去畢竟不是辦法，果然不久之後，就發生了問題。

有一天，一名認識已久的朋友開口向這名婦女借錢，她照例不好意思加以拒絕，於是勉為其難地答應下來。

不過，由於是一筆可觀的數目，丈夫相當惱火，說什麼都不同意。這麼一來，這位主婦自然無法拿到錢，只得食言毀約。

可想而知，對方本以為一切都沒有問題，萬萬沒料到還有變數，因此發了脾氣，從此態度一百八十度大轉變，四處說她的壞話。兩人本來是多年好友，就因為這樣決裂，從此成為不相往來的仇家。

想想，這樣的事情若是發生在自己身上，該有多麼的令人不

愉快。因此，當碰上別人開口向你借錢，能力可及自然無話可說，如果辦不到，就一定要婉轉且明確地拒絕。

你可以這樣說：「如果可能的話，我當然願意傾力相助，但碰巧手頭不方便，真是一點辦法也沒有。實在很抱歉，希望你能夠原諒我。」

或者換個方式，也可以如此說：「如果數目少一些，我當然樂意借給你，但你的要求實在已經超過我的能力，愛莫能助，請你原諒。」

諸如此類的說法，不僅得體，而且也表現出了自己對朋友的體恤與關懷之情，不至於傷到對方的自尊。

另外，遇到友人開口借錢，以幽默態度回絕也是一種很好的方法，可以有效緩和尷尬的場面。

湯姆友善地向漢斯打招呼：「漢斯，你怎麼了呢？好像很沒精神呀！」

「是呀！最近為了還債，到處籌錢，搞得身心疲憊，晚上煩惱到睡不著覺！你能不能幫忙解決呢？」

「當然好啊！我家有安眠藥，效果很好的，明天就可以帶來給你。」

透過迴避主要問題，將話題引向細枝末節，表達出堅定的拒絕之意。這種方式無疑比較高明，既保護了自己，也替對方留了下台階。

扮完黑臉，記得扮白臉

「做事留一線，他日好相見」，掌握所有可供利用的人脈資源，就是在商場上立命安身不可不奉行的真理。

商場如戰場，想要生存，首先得分清誰是敵手，誰是朋友。對朋友，必然笑臉相向，如同春風和暖；對敵人，則必須橫眉冷對，嚴冬一般殘酷無情。

但是，話又說回來，商場上沒有永遠的朋友，也沒有永遠的敵人，只有對利益的追求永遠不變。因此，待人處世態度絕不能一成不變，否則不是被認爲軟弱可欺，就是可能被當作無情無義。

一位住在美國洛杉磯的華裔商人陳東，向香港繁榮集團購買了一批景泰藍，言明一半付現，另一半以支票支付。交易當天，陳東卻不出面，指派兒子前來支付現金與一張一個月的支票。

一個月後，支票到期，卻遭到銀行退票，幾經聯繫，陳東一推再推，後來索性不接電話，繁榮集團這才知道中了圈套。對此，集團老闆陳玉書相當憤怒，直說：「除非他永遠不踏上香港一步，否則我一定逼他把錢交出來。」

於是，陳玉書開始廣佈眼線，密切留意對方行蹤。終於有一天，得知陳東來到香港洽談另一宗生意。陳玉書馬上派人與他聯繫，並以廉價批售鳥獸景泰藍作誘餌，將陳東請到公司。

　　一踏入辦公室，背後門立即被鎖上，陳玉書大喝一聲：「陳東，總算等到你了！」

　　陳東驚覺自己上當，臉色大變，僵立在當場。

　　陳玉書伸出手問他：「我的錢呢？」

　　「什麼錢？」陳東很快回過神，意圖耍賴。

　　「你欠我的錢呢？」

　　「錢是我兒子欠的，你要我還，這根本不符合美國法律！」

　　「沒有你同意，我當初又怎麼會跟你兒子簽約？另外，這裡是香港，不要用美國的法律壓我，乖乖還錢。」

　　陳東緊張地盯著陳玉書，生怕對方氣得失去理智，會使用武力，便大聲說：「你這樣是不行的，別想恐嚇我。」

　　「對付不講理的人，我自有我的辦法。你別以為自己懂得美國法律，我就對付不了你。你知不知道我是什麼人？」不等對方回答，陳玉書一拍桌面，大聲吼道：「告訴你，我從小就是在街頭混出來的！」

　　有句俗話說：「軟的怕硬的，硬的怕橫的，橫的怕不要命的。」那個當下，陳東全身冷汗直流，用手摸摸胸口，又忙掏藥，看樣子有點受不了。

　　陳玉書見已經達到恫嚇的效果，便稍微和緩了口氣對陳東說：「我就只要你還錢，其他都好說。你自己考慮考慮吧！」

　　陳東知道自己既然不慎落在對方手上，抵賴也已經無用，所有詭計都無法施展，只得打電話聯絡朋友，開出一張支票。陳玉書也學了乖，馬上要部屬拿著支票前往銀行取款，確定成功兌現後才放已經嚇壞了的陳東離開。

　　事情到此算是解決，但並未全部落幕。第二天一早，陳玉書和妻子親自前往喜來登酒店拜訪下榻的陳東，還帶著禮物，向對

方表示誠摯的歉意。

這又是爲了什麼目的呢？

很簡單，因爲錢債糾紛畢竟不是生死之仇，既然已經成功將錢拿回來，接下來就是要回頭鞏固人際關係，畢竟「做事留一線，他日好相見」，掌握所有可供利用的人脈資源，就是在商場上立命安身不可不奉行的真理。

做人不僅要靈活機動，更要學習適時調整面具。對小人扮小人，對君子扮君子，如果君子變成了小人，就該馬上武裝自己、加以防備；同樣的道理，如果小人變成了君子，那麼也應該把黑臉換成白臉，雙方仍是朋友。

具備這樣的能力，才有縱橫商場的本錢。

面對小人，說話要特別當心

 小人是會記恨的，小人是會報仇的；得罪了小人，可說後患無窮，因為小人總是躲在暗處讓你防不勝防。

人與人之間的摩擦在所難免，為了各自的利益發生爭執，也是不難理解的事。

成熟的人，能夠靈活處世、就事論事，對事不對人，一旦理論出了結果，不管是贏是輸，都不會懷恨在心。

但是，如果對手是個心胸狹隘的小人，就要小心了。眼前雖然爭得了一時的勝利，卻可能造成無窮後患。

所謂的小人，是指品格低下、手段卑劣之輩，這樣的人特別會為維護自己的利益而不擇手段，一旦吃了虧，鐵定非找機會討回來不可。

以正人君子自居的人士，對於這樣的人總是特別厭惡，又為了保持風度，總是不願和他們一般計較。

然而，一旦君子和小人發生了衝突，最後敗下陣來的多半是君子，嚴重的更可能被小人逼入絕境之中。

盛唐大詩人李白，由於詩人性格所然，不但對於一些小事完全不拘泥，一旦喝起酒來更是狂放不羈，天皇老子來了也不管。可是這樣的性格也讓他在無形中樹立了不少的敵人，其中一個就

是高力士。

據說，才情洋溢的李白曾經受邀至皇宮參加晚宴，酒酣耳熱之際，皇帝要他作詩，他也一時詩情大發，連作三首《清平樂》，令在場所有人士佩服不已。

李白作詩時，曾要求楊貴妃親自磨墨，還命宦官高力士為他脫靴，氣勢雖然狂妄，但是皇帝愛他文采，也就不以為意，在場人士更沒人敢有意見。

在眾目睽睽之下蹲下身來替李白脫靴，掛不住面子且深以為恥的高力士，暗自懷恨在心，想盡了辦法要找機會復仇。

李白以頌讚楊貴妃的美貌儀態為意旨的三首清平樂，由於寫得極具意境，更強調楊貴妃的花容月貌，因此很受楊貴妃喜愛，經常拿來吟唱唸誦。

有一天，楊貴妃吟誦這首詩，高力士聽見了，故作不經意地說：「我還以為您會因為這首詩對李白恨之入骨呢！想不到您竟還這麼高興的吟誦。」

楊貴妃不解高力士的話意，便要他說出原由。

只見高力士意有所指地說：「我說他是在嘲諷您呢！您看，他在詩裡將您比做趙飛燕，莫非他是在暗指您和趙飛燕一樣淫賤，未來會敗壞國事嗎？」

經過高力士的刻意曲解、移花接木以後，原本清麗讚美的詞句，轉眼間全都成了惡意譏諷的證據。

這下子引起楊貴妃大怒，連帶地也對李白感到反感和憎恨。

於是，楊貴妃幾次在唐玄宗有意提拔李白的時機，都暗中出言阻止，目的就是要讓李白升不了官，最好被放逐得越遠越好。

就這樣，高力士只用了一句話就斷送了李白的前途。雖然高

力士的才氣、才情、才幹都遠遠不如李白，但是他卻能使出陰毒計謀，讓李白的長才毫無用武之地，從此與官途絕緣。

互動頻繁且情勢變化快速的現代社會，人際關係就像一把雙面刃，必須學會說話做事的各項技巧，確實運用於每個有助於自己高升的場合。

說話謹慎小心的人，知道如何趨吉避凶，順利達成目的。相反的，恃才傲物的人，就只能眼睜睜看著自己陷入人際困境，寸步難行，還得不時提防小人暗箭傷人。

小人是不會瞻前顧後的，小人是不會在乎兩敗俱傷的，小人是不會輕易罷休的，小人是會記恨的，小人是會報仇的。因此，面對小人，說話必須特別當心，千萬別逞口舌之快。得罪了小人，可說後患無窮，因為小人總是躲在暗處讓你防不勝防。

用競爭的模式代替訓斥

若是你把每天該做的事逐一記下來，並要求自己今天要打破昨天的記錄、明天要打破今天的記錄，這麼一來，就能不斷提高工作效率。

斯賓塞曾經說過：「一個優秀的管理者，通常懂得如何製造部屬之間的競爭來鞏固自己的領導地位。」

在自我意識不斷高張的時代，管理者想透過訓斥、責罵的方式提振工作效率，幾乎是不可能的事，必須懂得在領導部屬的過程中，讓部屬處於競爭狀態，因為，競爭更能激發部屬的辦事效率與真正能力。

「競爭」是一種最好的刺激，可以激發出人們無限的潛能，比一味的訓斥、責罵有效許多。管理者若是懂得用「競爭」的方式去激勵、管理員工，多半能獲得不錯的成績。

衛斯丁・梅爾管理屬下時，就是採用這種方式。

有一次，梅爾對一個工人說：「米勒，為什麼我叫你做一件工作得花那麼長的時間呢？你為何不能像赫爾那麼快呢？」

然後，他又對赫爾這麼說：「赫爾，你應該學學米勒的辦事效率，他處理每件工作的速度都很快。」

過沒幾天，赫爾剛出差回來時，就看到衛斯丁・梅爾在他桌上留了張紙條，上面寫著要他做一項零件，並要立即將那項零件

送到製造廠去。

　　這個字條是星期六寫的，星期日早上，赫爾就把這件事辦好了。到了星期一早晨，梅爾在工廠裡碰到赫爾時，便問他：「赫爾，你看見我寫的那張字條了嗎？」

　　「看見了。」

　　「那你大概什麼時候能完成呢？」

　　「已經鑄好了。」

　　「真的嗎？現在它在哪裡呢？」

　　「已經送到製造廠去了。」

　　梅爾聽到赫爾的回答後非常驚訝，沒想到用競爭的方法激勵工人能有這麼好的成效；而對於赫爾來說，他能得到上司梅爾的嘉許，自然感到非常快樂。

　　由以上的例子可知，用競爭的方式管理屬下，遠比訓斥更能提高屬下的工作效率、激發他們的工作能力。

　　其實，不只是管理屬下，若是領導者用競爭的方式管理自己，也同樣能激發自己的潛力。

　　例如，美國著名的小羅斯福總統，正是用這種方式管理自己。

　　小羅斯福總統是個全身充滿活力的人，總是用競爭的方式使自己盡可能做更多的事，不過，他並非等別人來替他安排競爭，而是不斷地與自己競賽。

　　小羅斯福總統會把要做的事都記載下來，然後擬定一個計劃表，規定自己要在某時間內做某事，如此便能按時做好各項工作。

　　最好的競爭就是和自己競爭。

　　若是你把你每天該做的事都逐一記載下來，並要求自己今天要打破昨天的紀錄、明天要打破今天的紀錄，這麼一來，你不但

能在時限內將每項工作辦好，還能不斷提高自己的工作效率。

　　你會發現自己不但能在較短的時間內將事情辦好，甚至還能有多餘的時間去尋找別的事做。長久下來，自會勝過那些沒有事先計劃的人，因為那些人就好像蝸牛一樣慢慢地爬著，而你則會有多餘的時間改進自己。

　　適度競爭是最好的刺激劑，因為有了想戰勝的對象或目標，自己就會不斷地鼓舞自己向上提升、努力邁進。相反的，若是缺發競爭心態，就容易這麼懶散度日、因循苟且下去。所以，領導者若是想獲得成功，就要懂得「競爭」管理方式的重要性，更要善加利用競爭心態。

有聽實話的胸襟才能前進

不論身處何種位置，只要有「聽實話」的開闊胸襟與雅量，就能得到他人的愛戴與寶貴的建言，自然也就離成功不遠了。

　　日本作家武者小路實篤曾經說：「可信者的一句話，比不可信者的千言萬語更為有力。」

　　確實，一個人的言語分量，可能重於泰山，也可能輕於鴻毛，不但與說話者的職位與身分有關，更與平時如何對待自己所說出口的話有關。

　　〈狼來了〉的故事相信大家都耳熟能詳，「人必先自重而後人重之」的道理大家也都曉得，但有一點，卻未必人人都明白。

　　那就是，說實話難，聽實話更難。

　　魏徵是唐代偉大的政治家、思想家和傑出的歷史學家。輔佐唐太宗十七年，以「敢言直諫」聞名。

　　貞觀十一年正月，唐太宗下令營建洛陽飛山宮。

　　魏徵上書說：「隋煬帝依仗著國力富強，不考慮後患，窮奢極欲，使百姓貧困不堪，以至於自亡。我大唐能夠取得天下的原因，是因撤去了隋煬帝高大奢華的殿堂宮宇，安居在比較低矮簡陋的宮室裡。如果在原來的基礎上又增修擴建，承襲舊殿大加裝飾，給人民帶來負擔，這分明是以亂伐亂，必將招致禍亂。得到

江山相當艱難，失掉江山卻很容易，請陛下一定要慎重考慮修建宮殿之事。」

唐太宗聽後相當贊同，立即宣布停工。

貞觀十年十一月，由於太宗非常思念逝世的長孫皇后，就在禁苑中建了一座樓台，用以瞭望昭陵。一次，他帶著魏徵一同登上樓台，讓魏徵觀望。魏徵仔細看了許久說道：「我老眼昏花，看不清楚。」

太宗指給他看後，魏徵又故意說：「我以為陛下在瞭望獻陵（唐高祖李淵之墓），如果是昭陵，我早就看見了。」

唐太宗聽出他話中有話，隨即拆毀了望樓。

有一次，唐太宗得到一隻鷂鷹，非常喜歡，上朝的時候，將牠置於臂膀上戲耍，但是遠遠望見魏徵走來，怕魏徵會指責自己行為不當，連忙將鷂鷹藏在懷裡。

魏徵假裝沒看到，故意與唐太宗談論朝政大事談了很久，結果鷂鷹最後竟悶死在太宗懷裡。

一位封建帝王竟受一位臣下如此約束，這在中國歷史上實在少見。

魏徵的言行與操守確實令人敬佩，但像他這樣直言敢諫的大臣，還不算前無古人後無來者，真正難得的是像唐太宗這種願意聽人直諫的君王，在中國數千年的歷史中，又曾經出現過幾位呢？

掌握權力的人常常是傲慢的，不論他們的權力來自自己的努力或是世襲，一旦大權在握之後，還能保持謙卑，虛心接受他人指教，可說是少之又少。

不只過去封建時代的帝王是這樣，連現代的領導者、企業家，只要得到了小小的成功之後，誰不是馬上就端起架子，一副「我

最厲害，你們都要乖乖聽我指揮」的姿態？我們又怎能盼望這樣子的人，能夠聽得下他人的勸告呢？

魏徵是幸運的，因為他的上司即使已經成為全天下最有權勢的人，仍然願意謙恭地傾聽他的意見。

相信可信者所說的話，能夠為自己帶來最大的幫助，這就是唐太宗身為全國最高管理者能夠成功的秘訣。

不論身處何種位置，只要有「聽實話」的開闊胸襟與雅量，就能得到他人的愛戴與寶貴的建言，使自己更加進步，自然也就離成功不遠。

體貼別人等於體貼自己

因為各自扮演的角色不同,很容易被自我的主觀意識所圍限,許多人因為堅持己見,導致不必要的衝突發生。

能夠為別人著想,其實是一件很快樂的事。

當心中充滿著諒解、與人為善的念頭時,心情必然開闊,我們自己當然成了最大的受益人!

擁有一顆願意體貼他人的心,那麼不管出現在眼前的事情多麼棘手,我們都一定能互相體諒,攜手將問題解決。

只要願意為別人多想一想,我們便能讓生活中的每一件事都有美好的結果。

巴森士是一位稅務顧問。有一年他與一位政府稽查員因為一項九千元的問題帳單,發生了一點小爭執,為此他們爭論了快一個小時。

因為,巴森士先生認為這筆九千元是一筆永遠支付不了的呆帳,因為關係人已經死了,所以他認為這筆款項無須納稅。

但是,稽查員卻反駁說:「呆帳?胡說八道,就算死了,他也要繳稅!」

巴森士先生不禁對這名稽查員產生了厭惡感,心想:「真是冷淡、固執又傲慢的傢伙!」

　　所幸，事情並沒有在這裡就結束了。

　　最後，巴森士先生冷靜思考：「再這麼辯論下去，只會讓事情越鬧越僵，這個性格固執的稽查員也一定會越來頑固。嗯，我還是先停戰吧！換個主題，如果對他專業能力多一點讚美的話，也許事情會有改變。」

　　巴森士先生靜思期中，原來的火爆氣氛明顯地緩和許多。

　　巴森士先生相當謙虛地對稽查員說：「我這件小事與你平日必須做出的大決定相比，應該微不足道吧！其實，我也曾經研究過稅收的問題，但是我只能從書本中得到相關的知識，無法像你一樣可以從實務工作中獲得經驗。唉，身為一個稅務顧問，其實我很希望能像你一樣，從最基本的工作開始，畢竟這份工作是相當專業的領域，有了這樣的經驗，更有助於我計算納稅的正確性。最重要的是，這樣的工作可以教會我許多課本上學不到的東西，是吧？」

　　稽查員聽見巴森士說得那麼誠懇，原來的情緒全都換成了感動。因為大多數人對稽查人員的態度不是冷眼相待，便是不屑一顧，沒有人像巴森士這樣尊敬他們的專業身份，也願意換個角度為他們著想。

　　聽完巴森士的話，稽查員立即從椅子上跳起來，接著滔滔不絕地說他的工作經歷，也提到了他曾經發現的舞弊情況。

　　慢慢地，稽查員的聲調變得越來越友善了，片刻之後，他的話題居然拉到了他的孩子身上。

　　分享完彼此的故事之後，稽查員在離開之前忽然對巴森士說：「我會再審慎考慮你剛剛提的那個問題。」

　　三天之後，稽查員親自出現在巴森士的辦公室裡，並帶來了一個好消息：「依照你所填寫的申請資料，我已經把這個案子辦

理完成了。」

　　人與人之間哪有那麼多對立和爭執？各退一步真的有那麼難嗎？巴森士的退讓不正是最好的證明？無關讚美與客套，是他換個角度替別人想，然後才找出彼此可以各退一步的溝通空間。

　　在社會上，我們每天要面對多少人根本無法計數，唯獨一樣東西我們可以掌握住，那便是每一次與人溝通互動的機會。

　　巴森士與稽查員為了稅務各自表述的例子，其實就像我們和他人的關係一樣，都是各盡其力，也各取所需。

　　然而，也因為各自扮演的角色不同，因此很容易被自我主觀意識所圍限，於是在不同的角度中，許多人因為堅持己見，導致不必要的衝突發生。

　　當巴森士從據理力爭的態度中退讓，轉而從稽查員的角度看這件事，他反而更能體會出稽查人員工作上的壓力與不得已之處。

　　再反觀稽查員，他在巴森士的體諒話語中，也慢慢地學會了將心比心，對於稅務顧問在納稅人的期望下，必須多為他們爭取權利的心情，他也感同身受。

　　於是，故事結果便在兩個互相體諒的心意中圓滿結束。

　　所有的工作都不輕鬆，每一個堅守自己崗位的人，無不希望獲得肯定與體貼，因此當我們想擺著臭臉對人時，別忘了先想一想，換作是我們自己，遇見了這樣不禮貌且不體貼的動作時，工作心情難道不會大受影響嗎？

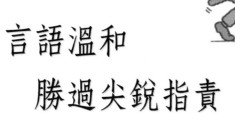

Chapter 6

言語溫和
勝過尖銳指責

人際相處，不可避免會有一些不愉快的事情發生，

面對這種情況，要少些批評、多些理解，

讓自己的溝通能力更上一層樓。

何必板著臉孔教訓別人？

採用幽默的語言點醒，以半開玩笑的方法指出
對方的謬誤，效果往往比板著面孔教訓人更
好。

　　想改變對方的想法或做法，必須懂得適時說些機智風趣的話，
不能動不動就出口成「髒」。

　　與別人意見相左的時候，也千萬不能當眾咆哮，一副沒知識、
沒水準的大老粗模樣。

　　有一回，德國派代表和美、英、法三國就安全條約草案及補
充條款進行談判，由於事關重大，過程進行得緩慢且艱苦。

　　某天，在持續好幾個小時的談判後，年過七十的德國總統阿
登納因過於疲勞而提前退席，在場的美國代表羅伯特‧鮑伊也感
到十分疲倦，於是對德國代表格雷韋說自己不想再談，希望今天
到此為止。

　　格雷韋並不願意中止談判，卻沒有直言相拒，而是低聲用拉
丁文說了一句諺語：「允許宙斯做的，不一定允許牛做。」

　　在場的人聽了這句話，全都禁不住大笑起來，因為拉丁文中
「牛」的發音正巧和鮑伊的名字相同。

　　笑聲成功驅走了疲倦，提振了氣氛，使談判得以繼續。

格雷韋用一語雙關的諺語，既表達自己的立場，也趁機調侃對手，可以說是「罵人不帶髒字」的精采表現。

王安石當宰相後推行新政，於天下大興農田水利，卻常常不顧實際情況，任意行事，以致勞民傷財。

一天，劉貢父前去拜訪，正好碰上有人和王安石談農田水利建設之事，只聽見那人說：「梁山泊的面積很大，要是把水排淨，可得八百里良田，多好啊！」

王安石聽了這話非常高興，連連點頭道：「這辦法相當不錯，可是排出來的水要放在哪裡呢？」

劉貢父在一旁聽了，感到非常可笑，忍不住開口說：「乾脆在它旁邊再挖一個長八百里的水窪吧！這樣就可以裝下了。」

王安石馬上省悟話裡的意思，大笑說：「梁山泊的事，就別再說了吧！」

故事中，劉貢父沒有直接指出對方的荒謬，而是採用幽默的語言點醒，讓王安石在哈哈大笑中認識到自己此舉的愚笨。由此可見，在談話中以半開玩笑的方法指出對方的謬誤，效果往往比板著面孔教訓人更好。

用幽默的語言澆滅對方的氣焰

 面對錯綜複雜的人際關係，幽默風趣的談吐無疑是不可或缺的潤滑劑、興奮劑，甚至是消炎劑。

　　罵人需要一些幽默感，透過唇槍舌劍損人於無形，最忌心浮氣躁，指著對方的鼻子說出滿口髒話。

　　最高明的罵人方式就是不帶任何髒字，但所說的話卻比髒話還要毒辣，以下就是兩位罵人高手的精采過招。

　　有一回，前蘇聯與美國進行一場重要的政治談判，地點選在克里姆林宮。談判開始之前，美國國家安全事務顧問季辛吉故意問：「我是該對著花瓶講話，還是要對著吊燈講話呢？」意在暗示到處裝有竊聽器。

　　前蘇聯外長葛羅米柯自然不甘示弱，馬上抬起頭，望著克里姆林宮大廳頂部一座半裸的浮雕女郎，回答道：「你對著它講吧！」藉以諷刺季辛吉的「風流」形象，反駁他的攻擊。

　　幽默的神奇功用之一，就在於透過巧妙的言語，讓對方愉快地承認自身觀點的謬誤。

　　幽默和諷刺正是一對孿生兄弟，將兩者結合起來駁斥謬論，揭露惡行，一般可以取得較好的效果。

　　在一座機場的大廳裡，許多旅客正秩序井然地排隊購買飛機票，此時，一個衣著講究、打扮成紳士模樣的男人闖到隊伍前面，指責售票人員效率太低，耽誤了他的寶貴時間，甚至擺出唯我獨尊的驕傲神情咆哮說：「還不快一點！你知道我是誰嗎？」

　　售票人員只平靜地看了他一眼，然後大聲對周圍的人說：「這位先生有些健忘，你們有誰可以提供幫助嗎？他忘掉自己是誰了。」

　　在哄堂大笑聲中，原先盛氣凌人的男人馬上脹紅了臉，尷尬地回到隊伍後方去了。

　　面對無禮挑釁，售票人員能保持鎮定，巧妙地曲解原話，不著痕跡地嘲諷了那位「紳士」自私自利的行為，打擊了不可一世的囂張氣焰，相當高明。

　　這不僅是四兩撥千斤功力的絕妙展現，更展現了「罵人不帶髒字」的威力。

　　語出機敏、幽默風趣的風格最受人歡迎，能做到亦莊亦諧。面對錯綜複雜的人際關係，幽默風趣的談吐無疑是不可或缺的潤滑劑、興奮劑，甚至是消炎劑。若運用得當，能有效調節氣氛、放鬆心情、打破僵局、化解對立，讓雙方在輕鬆愉快的狀態下交流思想與資訊，求得共識。

抓準心理漏洞，交涉更能成功

 在心理上出現漏洞時趁機爭取利益，不失為一個好方法，讓對方無話可說，即使有怨也無處訴。

當你開口說話，逗得對方樂在心裡、笑在口裡的時候，忽然話鋒一轉，頂他幾句，無論是脾氣再怎麼莽撞、暴烈的人，也無法立刻還以顏色，因為他的笑容都還掛在臉上，很難立刻收起來。

因此，如果要藉著語言達到某種目的，就必須先讓對方高興，最好到失態程度，接著再捕捉最恰當的時機，藉「語言」迫他贊成、同意或投降。

類似的運用，在商場最常見，例如以下實例：

一個表演團的代表要到某家酒店進行交涉，因為這家酒店的經理非常精明，答應支付的報酬太過低廉，必將讓表演團入不敷出。但是礙於情面，表演團代表又很難拒絕對方，原來，這位經理曾經在表演團發生財務困境的時候予以周轉。

該怎麼辦才好呢？

經過一整晚的思考，表演團代表終於想出一個好方法。

隔天餐宴上，她絕口不提酬勞的事，只是陪著酒店經理抽煙、聊天、說話，引得經理開懷大笑，然後代表主動說：「我們表演團的全體同仁，可以為您和貴店虧本演出。」

　　經理聽了這句話，更樂得眉開眼笑，呵呵的笑聲怎麼也止不住，想不到，這位代表突然把臉色一沉，非常鄭重且嚴肅地說道：「什麼！這有什麼可笑的？你把我當傻瓜，以為我真的是那種人嗎？好！你這個鐵公雞，我已經認清了。對不起，這次演出就此取消。」

　　接著她裝出憤而離席的樣子，讓那位笑容還掛在臉上的經理大為恐慌，只得一把將她拉住，賠不是道：「千萬別這樣，有話好說、有話好說，關於報酬，我們可以從長計議。」

　　這個代表真是位「最佳演員」，演出的效果好極了。於是雙方重訂合約，照舊演出，表演團終於獲得應有的利益。

　　罵人不是好事，但有些時候，不把心中的不平之氣宣洩出來，卻又對不起自己。這種時候，就要發揮罵人的藝術，給對方一點顏色瞧瞧。

　　利用對方在心理上出現漏洞，趁機爭取利益，不失為一個好方法，巧妙使用這一招通常都能成功，讓對方無話可說，即使有怨也無處訴。

想罵人，一定得多動腦筋

細心研讀說話的各種技巧，掌握對方的心思後加以靈活應用，正面運用會使你更迅速擄獲人心，負面運用則可以更順利達成自己的目的。

作家柏登曾經寫道：「用舌頭罵人，不如用腦袋罵人。」

因為，只會用「舌頭」罵人的人，嘴中容易出現一些情緒性的不雅字眼，雖然可以抒發自己一時的情緒，但是卻無法有效解決問題，相反的，懂得用「腦袋」罵人的人，卻可以讓自己不必在口出惡言的情況下，輕鬆地達到罵人的目的。

想要用風趣的方式表達罵人的意思，就必須多動腦筋，學習「水平思考」的罵人藝術，口中說的盡是讚美的話，但是效果比髒話還要惡毒，讓人氣得牙癢癢，卻又莫可奈何。

「水平思考法」由心理學家耶脫瓦特‧波諾博士提出，他並創造一種新鮮的觀念，稱為「意識上可倒置事物的關係」。

換個思維方式，往往可以把人損得啞口無言。

英國大文豪蕭伯納留給世人許多俏皮、機智，又極為幽默的名言。以下是一則極富幽默的笑話，可以看出蕭伯納由於應用了「水平思考法」，所以在對話中佔得優勢。

有一位演技差勁但美色出眾的女伶，自視頗高，平時生活在眾星拱月的環境當中，高傲嬌貴，一點也不將別人放在眼裡。

然而，她非常仰慕蕭伯納的才華。

某次宴會中，女伶和蕭伯納巧遇，她自信十足，展現出最迷人的笑容和語調，向蕭伯納說：「如果以我的美貌，加上你的才華，生下來的孩子，必定是社會中最優秀的頂尖人物！」

這位大文豪立刻還以顏色，毫不遲疑地回答：「如果這個孩子集了我的容貌和妳的才能，那將會是什麼樣子呢？」

頓時，這位女伶猶如被當頭潑下一桶冷水，只能愣愣地盯著這位大文豪，張口結舌，說不出第二句話。

蕭伯納以高度的機智抑挫了對方的狂妄，運用倒置順序的言語技巧，使對方的高傲發揮不了作用，可說是「罵人不帶髒字」的高手。

「狗咬人不是新聞，人咬狗才是新聞。」這是執筆寫花邊新聞的記者們慣用的花招，把「狗咬人」這句再普通不過話當中的賓主易位，成功挑起讀者的好奇心，讓一件平凡小事成為人人爭看、有價值的大新聞。

日常生活中，許多說慣了的寒暄應酬話，想必讓自己和對方都感到相當厭膩，不如試著變動這些話的主語、受詞的位置，也許能夠產生新奇的效果，讓對方留下深刻的印象。

想要罵人不帶髒字，就得從小地方開始。

細心研讀說話的各種技巧，掌握對方的心思後加以靈活應用，正面運用會使你更迅速擄獲人心，負面運用則可以更順利達成自己的目的。

違背預料往往能收意外功效

想要強力克制自己處於興奮、衝動、極度緊張時的言行舉止，是一件很不容易的事，但這種功夫往往能使對手極度不安。

根據資深警員們多年經驗得出的看法，被害者在面對竊賊時都有一種共同心理，就是恐懼被殺害。

逃走、呼救正是一般人遭受盜竊時的共同反應，盜竊者對於這種現象也有了防備的措施，料定被害人一定會驚嚇不已。

如果狀況正好相反，對方不僅不逃走也不呼救，反而會令竊賊深感不安。

有一次，日本女作家曾野綾子的住宅被侵入，好幾名歹徒闖進臥室。

曾野綾子雖然非常害怕，但強自壓抑恐懼，鎮定地說：「帶走你們要拿的東西，然後滾蛋！」

歹徒們聽了這番話，不禁大吃一驚，誤以為她早有安排，於是什麼也不敢拿，慌慌張張地逃之夭夭。

對大多數人來說，想要強力克制自己處於興奮、衝動、極度緊張時的言行舉止，實在是一件很不容易的事，但這種功夫往往能使對手極度不安。

日本幕府時代末，江戶重臣勝海舟之所以能安然容於亂世，據說也是仰賴對此種心理要訣的運用。

有一則關於他的故事，日本人無不耳熟能詳。

有一天，勝海舟在京都四條通散步，未料有一位蒙面刺客在蔭蔽處鵠候多時，一見勝海舟走近，立刻跳出來，用手槍指著他的胸口。

因力主開拓疆土，勝海舟在當時樹立不少政敵，如果被這位蒙面刺客槍殺身亡，便無人率領船隊到美國，不但近代文明無從輸入，開國更是無望。

勝海舟很快就反應過來，隨即了解這是怎麼回事，不慌不忙、滿不在乎地說道：「別害怕，喏！瞄準這兒。開槍吧！老兄，請！」

勝海舟一面說著，還一面猛拍自己的胸脯。刺客看他愈走愈近，竟然嚇得立刻丟下了槍，轉身就跑。

實際上，任何人碰到上述情況，很難不心生恐懼。遇到刺客的勝海舟當然不是不害怕，但他控制得了自己的情緒，這就是高明的地方。

罵人的藝術也是如此，要懂得逆向操作，在極端盛怒、不可理喻的時候，加以讚揚；在不可一世、趾高氣昂時，澆下一盆冷水，這比責罵更能夠使對方深感意外，而收到良好效果。

這種罵人技巧一向為領導階層慣用，但即使是日常人際相處，也不妨找機會試試看，相信同樣能收得意想不到的妙效。

批評人格最是要不得

說話技巧好的人，必定懂得察言觀色，當對方勃然動怒時，能夠為自己找個台階下，化解緊張的火爆氣氛。

美國群眾心理學家巴克博士・在所著《內在的敵人》一書裡，曾探討過夫妻爭吵的原因。他以兩百五十對夫婦做抽樣調查樣本，研究爭吵時所用詞彙，發現其中最容易激怒對方的戰略，莫過於分析並侮辱對方的人格。

這是巴克博士所舉的實例：

妻子：「我知道，你又在開玩笑了！」

丈夫：「絕不是開玩笑，我最了解我自己。」

妻子：「我才不相信，我最了解你，看來人模人樣，實際上真不是東西。」

這段對話針鋒相對，充滿火藥味，是最失敗的罵人方式。這位太太如果真說中了對方的瘡疤，她的丈夫必定暴跳如雷，因為「真不是東西」的辱罵，天下沒有幾個人能忍受得了。

凡具有破壞性的口角戰略，通常會遵循下列程序進行：

一、限制對方的性格。

二、互相批評對方的人格。

三、相互的人格破壞，而將對方擬物化。

當然，這原則不只限於夫妻吵架，擴大到其他較長時間接觸

的人與人之間，也常常發生。

　　大企業的管理人員都會記得時時提醒自己，避免說出「你的特性是……」、「你天生就……」這類話，以免引起部下的反感。

　　人性的缺點之一，就是深信「江山易改，本性難移」，因此總是善於原諒自己，昧於寬恕他人。

　　這種情況下，一旦被人掀開底牌，受到刺激，那股創痛，豈能忍受得了？

　　世界各地殺人案件都有逐漸增加的趨勢，尤其在美國的大都市如紐約、舊金山等地，更是駭人聽聞。以紐約為例，曾經在短短六個月之內，發生了一千三百四十六宗謀殺案。

　　心理學家分析，這些不幸事件之所以發生，多數都是由於被害者使用了惡毒的話語，成為悲劇發生的導火線。

　　例如，有被害人用最刻薄的方式對加害人說：「你這個沒出息的東西，一個大男人竟然連老婆也養不活，還欠下一屁股債！」

　　這句話非常嚴重地傷害了這名加害人的自尊，因而從一開始的憤怒、不安，逐漸轉變為緊張、激動，最後瘋狂地舉刀殺人，符合心理學上「心理慘遭挫敗，導致行動發洩」的理論。

　　當自尊遭到無情傷害，如果不能以較緩和的行動排除蓄積在胸中的忿怒，心理上的強力挫敗將可能轉為一股強勁的憤怒，導致喪失理智，做出傻事。

　　遇到這種狀況，應設法疏導，化乖戾為祥和，避災禍求平安。說話技巧好的人，必定懂得察言觀色，當對方勃然動怒、怒火中燒時，為自己找個台階下，化解緊張的火爆氣氛，不讓彼此的關係繼續惡化下去。

　　和性格敏感的女孩子講話，更應格外地慎選措詞、用語。女性大都非常不能忍受傷害自尊心的話語，若對方真的長得不好看，

「妳長得蠻漂亮」這種近於諷刺外貌的話便絕對不能說，要避免談及美或不美的問題。

如果真的沒辦法閃避類似話題，不如單刀直入：「妳雖然長得並不漂亮，可是相當迷人，妳的談吐、妳的舉止，在在都令我著迷。」

說話的時候，要注意避免觸及可能傷害他人自尊的敏感話題，萬一不小心點到，則要儘快設法緩和氣氛，如此才能讓社交場合的氣氛更加圓融美好，人際關係更為和諧。

言語溫和勝過尖銳指責

 人際相處，不可避免會有一些不愉快的事情發生，面對這種情況，要少些批評、多些理解，讓自己的溝通能力更上一層樓。

每個人都有失誤的時候，因此不可過度苛求。

批評他人，應講究說話的技巧，不能用譏諷、挖苦的態度應對，傷害對方的自尊心。以平和、溫和的態度去面對你的批評對象，剔除主觀成分，將表情、態度、聲調加入到客觀的批評話語中，會產生較積極的效果。

對方有了缺點或犯下錯誤，如果一味橫加批評、講刺傷別人的話，或苛刻數落，例如：「你辦得怎麼這麼糟？」「做事為什麼這樣不細心？你這樣對得起我嗎？」等等，絕對不妥當。

除了爛人之外，絕大多數人做錯事，內心會展開反省，覺得抱歉、恐慌、不知所措，此時如果再加以嚴厲批評指責，極可能會因此感到羞愧難過。

因此，不妨換一種語氣，以取得較好的效果。

你可以這麼說：「以後做事，自己可要多加注意了。」或者：「我想，下次你一定不會再犯類似的錯誤。」

如此一來，對方不僅會感激你對他的信任，同時會感受到你付出的真誠，更重要的是有了改正錯誤的信心。

美國空軍有一位著名的飛行員，經常參加飛行表演。

有一次，他在聖地牙哥舉行表演後，返回洛杉磯駐地途中，飛機引擎突然熄火。雖然他憑著熟練的技術成功迫降，保住了性命，但飛機本身因此遭到嚴重損壞。檢查結果，發現是燃料添加上出了問題。

回到機場後，他立刻找上了為座機服務的機械師。

對方是個年輕人，正為因疏忽犯下的過失感到苦惱，深深自責，因為自己不僅毀了一架造價非常昂貴的戰機，更差點使機上三人送了命。

但是，出乎意料的事情發生了——飛行員沒有怒氣衝衝地批評、指責這位機械師的失誤，而是上前摟著他的肩膀說：「為了表明我堅信你不會再這樣做，希望你以後繼續為我提供優質服務，如何？」

後來，這位機械師不但沒有再犯類似的錯誤，而且表現得更加出色。

針鋒相對並不是最好的策略，倒不如以溫和的態度傳達自己的意思。

試想，如果當時飛行員劈頭蓋臉就給這位機械師一頓諷刺打擊，或是嚴厲批評，不僅會大大地傷害對方的自尊心，還會使他變得更沮喪、自卑、畏首畏尾，甚至放棄本來可以做得很好的工作，也放棄了整個人生。

人與人相處，不可避免會有一些不愉快的事情發生，面對這種情況，要慎用辭令，巧於交際，少些批評、多些理解，如此才能讓自己的溝通能力更上一層樓，更受人歡迎。

為人文雅，偶爾也可以說粗話

 以粗話發洩心中「罪惡感情」，能夠有效降低心理上的負荷，排除鬱悶，使犯罪行為減低。

　　一般人都有一種想法，就是不可說粗話，就算想要罵人，也不可以「出口成髒」。

　　但這種想法真是「完全正確」的嗎？

　　心理學家認為，那些積存在心中的負面情緒應該設法紓解，而不是一味壓抑，萬一壓抑不住，就會像火山爆發。偶爾說說髒話也是一種紓壓的方法，但是，要記住，不要用髒話傷害別人。

　　法國知名小說家佐拉，在名作《酒店》中，有一段描寫兩名巴黎洗衣婦吵得面紅耳赤的場面：

　　「到那邊去！騷貨，別在這裡坐冷板凳了！」

　　「臭三八！妳還算是人嗎？撒泡尿自己照照吧！」

　　「妳這渾身騷味的狐狸精！下三濫！」

　　「說我？妳還是趕緊洗洗臉、刷刷牙，今晚到貝姆街街角去拉客吧！」

　　無論是誰，在爭論中聽見類似的言語，相信必會忍無可忍。

　　有時候，當你承受難以忍受的汙辱，或是內心感到分外壓抑時，不妨破例罵個一兩句粗話。

　　低水準的咒罵往往是戰勝對手的絕技，但必須謹慎使用。

　　在氣頭上說出來的難聽話，覆水難收，很難再和對方復交，因此，除非一開始就抱定未來將互不往來的念頭，否則不應輕易使用。

　　當然，無論從任何方面來說，使用此法確實應仔細衡量狀況，尤其必須避免觸及以下三點：

　　一、生理上缺點：胖、矮、瘸、聾、醜等。

　　二、身份上的卑賤：乞丐、私生子、拖油瓶、妓女等。

　　三、能力上的低差：白癡、性冷感、呆子、騙子等。

　　任何人或多或少都有自卑感，你所講的話離自卑感的核心越遠，就越不容易挑起對方的怒火，反之，則越容易成為點燃爭吵的導火線。

　　一旦觸碰到上述三點任何一方面，理智的判斷會立刻消失，代之而起的是一種動物性的原始防衛本能。

　　有人說，絕對不可傷了別人的自尊心，就是這個道理。

　　罵一句粗話，確實可以幫助發洩心中的諸多不滿，疏解鬱積的情緒。

　　我們當然不鼓勵說粗話，但是在必要時，仍可權衡輕重，適時使用。若是聽見別人用到了它們，也要能敞開心胸接受。

　　不堪入耳的粗話諸如「三字經」、「五字經」……等等，文雅守禮的人，於正常的人際關係當中最忌使用，體面的紳士淑女們更不好意思說出口。

　　但是，在美國紐澤西州的監獄裡，不但不禁止，反而率先倡導使用。

　　以粗話發洩鬱積在心中「罪惡感情」，能夠有效降低犯人心理上的負荷，透過這種另類的「淨化作用」，使曾在該監獄服刑的罪犯，「回獄」的比率降至百分之○‧七％。

　　這個方法也確實適用於一般人，當心中存有不滿和隔閡時，可以到人跡不至的地方，大罵幾句粗話，作為犯罪行為的代替，以排除心胸的鬱悶，並有效降低肇事可能性。莫怪乎曾有人如此主張，解決夫妻爭吵的好方法，是乾乾脆脆、痛痛快快地大吵一番，這完全符合上述的道理。

　　當然，夫妻爭吵時不需要使用粗話，但是為了在爭吵時徹底消除彼此心中的不快，不妨彼此罵些壞話。

　　徹底將怒氣發洩出來之後，往往不一會兒就能完全平靜下來。

　　只要牢記一個原則——不要傷了對方的自尊，不撕破臉，如此多半能收到排解負面情緒的效果。

　　我們絕不「鼓勵」罵髒話，但在發洩情緒的前提下，這的確是一種可以有效達到目的的方法，可斟酌的採用。

話說得太快，只會帶來災害

說出去的話就像潑出去的水一樣，你可能會淋濕別人，也很可能會淋濕自己。

　　說話說得恰到好處，可以廣結善緣，但若說話的時機不對，就很可能變成「狗嘴吐不出象牙」。

　　因此，我們在學習如何罵人不帶髒字之時，也應該時時警惕自己，說話不要說得太快。就算習慣了快人快語，頭腦運轉的速度也要比說話的速度更快。

　　一天，有個人到市場上買馬。

　　賣馬的人對買主說：「我這匹馬訓練有素，只要你說聲『感謝上帝』，牠馬上就會向前奔跑；如果說聲『阿門』，牠就會立刻停下來。你要記住這兩句話，千萬不要弄錯啊！」

　　買主聽了，不以為然地笑說：「那是你們這些門外漢的無稽之談吧！我養馬的經驗很豐富，相信我即使不說這兩句話，馬也會聽我的！」

　　說完，買主立刻付了錢，騎上馬背朝馬的肚子用力地踢了一腳。馬受到刺激，瘋狂地往前飛馳，而且越跑越快。買主連忙大喊：「停！停！」只是，馬根本不理不睬，反而益發拼命地向懸崖奔去。

在這危急萬分的時刻，買主想起了賣馬人的話，只好照著他的叮嚀，放聲大叫：「阿門！阿門！」

此話一出，果然奏效，馬發出一聲長嘶，停下腳步。此時，他們距離懸崖的邊緣只剩不到一公分而已。

買主看著懸崖底下的萬丈深淵，不禁鬆了一口氣，擦擦額頭上的冷汗，驚魂未定地脫口而出說：「感謝上帝！」

沒想到話還沒講完，馬就載著他摔下懸崖。

講話不經大腦，結果就是這樣！人們常常因為自己無意識的一句話得罪或傷害了別人而不自知。

例如，英國首相邱吉爾過八十歲生日之時，有一位應邀參加宴會的記者諂媚地對他說：「邱吉爾先生，我非常榮幸今天能來參加您的八十歲生日壽宴，希望將來我還能再來參加您九十歲的生日宴會。」

邱吉爾幽默地回答道：「我看你身體挺健康的，應該不致於無法參加我的九十歲生日宴會。」

這位記者原本是一番好意，但卻因為用字遣詞不當，反而引起對方的不悅，想拍馬屁卻慘遭馬踢。

因此，把話說出口之前，一定要經過再三思考。話說太快只會帶來災害，說出去的話就像潑出去的水一樣，你可能會淋濕別人，也很可能會淋濕自己。

Chapter 7

以自責代替斥責

責人時引出自責，往往會收到更佳的效果。

同時也要注意切莫帶有諷刺意味，

否則只會帶來反效果。

從弱點下手，就能動搖對手

從人性弱點下手，滅他人威風，無須疾言厲色便能得到勝利，這就是「情感式談話」的威力。

顧名思義，所謂「情感式談話」，就是在談話中引入情感，動搖對手，提高面對難纏問題的勝算。

《讀者》雜誌曾刊登一篇報導，關於經紀人馬利加如何解決客戶雪萊的合約糾紛，正是對這個術語的最好說明。

雪萊是一名優秀的編劇，曾創做出許多精采的電影劇本。經紀人馬利加替他爭取到一份條件相當優渥的合約，凡售出的每張電影票都得以抽成，但是簽署合約的費爾德後來卻不願意支付費用，透過律師表示雪萊的稿件根本不符合「電影行業的標準」。

為了替雪萊爭取權益，馬利加開始著手調查這件案子，多方調查取證之後，逐漸對費爾德產生了解，發現他是一位很重視禮節、對自己的外表與風度都相當要求的人，自然也相當愛面子。

為此，馬利加很快擬定出一條計劃，約定繼續針對合約糾紛進行談判，地點選在義大利聖利摩的一家豪華飯店。

在飯店花園中見面並相互問候之後，原先表示不會到場的雪萊竟興沖沖地從人群中走過來。

費爾德見到他很是驚奇，立即習慣性地奔向他，親熱地擁

抱，並大聲招呼：「雪萊，我的朋友！」

就在這時，馬利加插話道：「費爾德先生，我的客戶雪萊在履行合約方面，有什麼不對的地方嗎？」

費爾德當下露出猶豫不決的神色，向來以紳士形象自詡的他，怎麼能當面指責「親密的朋友」呢？

看出對方的為難，馬利加很快又將問題重複一遍：「費爾德先生，請問雪萊先生在履行合約方面，有什麼不周到的地方嗎？可否請您趁著現在這個機會明確地指出來呢？」

騎虎難下的費爾德只好擠出微笑，看著馬利加，回答道：「雪萊不僅履行了合約中規定的一切義務，而且還表現得極出色，對本公司貢獻非常大。」

小插曲結束之後，談判很快就取得了結論——費爾德決定讓步，同意支付合約中寫明的一切收益。

馬利加的手段可能有些過分，但並非全無可取。

誠然，他在解決問題時摻入了一些個人情感因素，但是，如果只懂得據理力爭、不知變通，事情處理起來必定沒有那麼順利，也未必能達到目的。

從人性弱點下手，首先滅他人威風，提高自身氣勢，無須疾言厲色便能得到勝利，這就是「情感式談話」的威力。

用「不」來剷除拒絕態度

 對方不肯說話，表露出拒絕的態度，因為心裡充滿了「不」的反抗意識。想使他開口，首先就要剷除這個「不」字。

與人交談過程中，如果能順利打破沉默，製造共同的話題，不啻在人際關係上注入一針強心劑。

那麼，該如何打破沉默？

心理專家在替人進行心理諮商和診斷之時，最令他們感到頭疼的事，莫過於病人拒絕合作。

這類人不僅一問三不知，甚至還擺出不理不睬的模樣，只是緊閉著嘴巴，兩眼傻傻瞪著一個方向，無論怎麼問，就是充耳不聞，毫無反應。

現實社會中或是工作場合，這種拒絕合作或乾脆擺爛的人也不在少數，於是，有心理專家針對這種狀況，發明一種特效藥，就是猛然提出一個會令這種人提出反駁的問題。

身為主管的人，碰上那些工作表現不佳、老是受到上司責罵的職員，不妨對他們說：「你在家裡，和太太、家人，一定處得不好！」

毫不客氣地從他的頭上澆下一盆冷水，他必會氣憤地反駁：「胡說！我和家人一向處得很好！」

人都有自尊心，即使他真的和家人處得不好，也不願意讓家

醜外揚。

　　等到順利使他開口，再抓住這句話作為把柄，追問：「那你為什麼在辦公室裡和同事處不好呢？」

　　可想而知，他自然會滔滔不絕地說出一大堆理由，把心中的話全盤托出。

　　對方不肯說話，表露出拒絕的態度，因為心裡充滿了「不」的反抗意識，想使他開口，首先就要剷除這個「不」字。

　　納德創辦世界上第一家人壽保險公司，手下知名經理人巴頓有一個極為巧妙的交涉小技巧，他這麼說：「我每次和對方打交道，談話一開始，總要提出一個他必然會回答『不』的問題，接著追問他『為什麼』，如此一來，對方立刻落入陷阱中，順利打開話匣子。」

　　這正如同想喝一瓶芬芳醉人的香檳，必先使瓶塞「不」地一聲打開之後，才能真正品嚐到美酒的醇郁。

　　把話說得更巧妙的技巧，正在於設法讓對方開口反駁。

引人發笑，迴響會更好

如果能巧妙操執幽默感與優越感這兩項原則，那麼即使講的是刻板嚴肅的事情，也會引人注意、妙趣橫生、讓人發笑。

幽默的話語能逗得旁人會心一笑，是因爲當中含有兩種不同性質的意義，一是被實現的必然性，二是接受合理的約束。

幽默之所以產生，且能帶來預期效果，就在於綜合了上述兩項不同性質。

正因將兩種差別甚遠、性質迥異的詞彙結合在一起，幽默感於焉產生，自然引人發笑了。與人交談時，如果能夠把握這個原則，幽默感必會源源不絕。

笑，在任何場合都可以製造歡樂愉快的氣氛。

自古以來，許多專家學者發表過各種研究報告，其中都有一個共通點——優越感所在之處，笑聲必常相左右。

這就表示，讓人產生優越感，自然而然地，他便會發笑。

有很多例子可以證實這個原則，以下便是其中之一：

前日本首相池田勇人精於數字，但拙於外交。

有一次，在國會諮詢會議上把「禮節」（Etiquette）這個外來語說錯了，議員們大笑著問他是否知道出了什麼錯，他立刻答道：「喔！我不會說法語，並不知道這個字的正確發音。」

　　這麼一答，議事場裡更是哄堂大笑了。

　　一次無傷大雅的幽默，在內閣政府陷入窘境的時刻，無形地替他化解了當時的緊張氣氛。

　　Etiquette 這個字，英、法文中都有，池田首相是不是故意說錯，我們不敢妄自斷言，但是在別人聽來，心裡必定會下意識地萌生了「至少我沒有他這麼笨」的優越感，於是乎，大家都開心地笑了。

　　全體議員就這麼放了池田首相一馬，可謂是因禍得福。

　　池田以「顛倒立場」來製造優越感，由首相之尊的優勢地位，主動降至劣勢。用這種方法，更能增添逗人發笑的雙倍幽默效果。

　　善於逗別人發笑者，一定都能了解這一點，並經常使用這種「給人優越感」的說話法則緩和氣氛，爭取支持。

　　小丑、相聲、喜劇演員等以逗人發笑為業的人，在表演時都能秉持這個原則，連續不斷地製造笑料，讓觀眾樂不可支。

　　他們的手段、方法，不外乎使觀眾們產生一種錯覺，以為這些表演者「絕不會這樣輕浮、瘋狂、沒有修養」，但是，他們的演出居然真是這樣，如此突然，卻又如此自然！

　　巧妙運用幽默感與優越感這兩項原則，那麼即使講的是刻板嚴肅的事情，也會引人注意、妙趣橫生、讓人發笑。

　　親身實踐體驗，你必定同意：引人發笑，迴響更好。

罵人重疊連發，讓人有氣無處發

重疊連發式罵人，不僅不會令人生氣，反而會沖淡對方的記憶，心理上的疙瘩也不至於太過於深刻。

作家巴迪曾經寫道：「用嘴巴罵人，每個人都會，但是用腦筋罵人，就不是每個人都具備的本事。」

如果你光會用嘴巴罵人，通常會口不擇言，讓被罵的人認為你滿腦子偏見又沒有修養，但是，如果你懂得罵人的技巧，卻可以讓被罵的人即使心中有氣，但不至於那麼在意。

如果突然有人指著你說：「你這個混蛋！」即使他有天大的理由，你必定仍會感到非常不高興。

但是，如果懂得說話的方法，即使罵了人，對方還會認為你罵得好、罵得對，甚至拍手叫絕。

以下提供一些實際的例子：

許多電視劇中，我們常會見到如下的台詞：「你這個陰險、毒辣、卑鄙、無恥的小人，滾蛋吧！」

夏目漱石在他的名著《公子哥兒》一書也曾寫道：「這高級混蛋、騙子、假道學、江湖郎中、走狗，吼起來像狗叫的混小子！」

這兩種罵法，看起來都把對方罵得狗血淋頭，可是太多的壞

字眼堆砌在一起，反而給人一種「可愛」的感覺，即便氣在心頭，卻怎樣也發不出來。

　　心理學者曾進行一項「逆行抑制」實驗，安排受試者在無意識下學習拼綴甲系列文字，再學習拼綴相當類似的乙系列，最後學習丙系列。結果，竟改變了他最初對甲系列的記憶。

　　這項實驗的結果，證實了乙系列的學習會抑制對於甲系列的學習，從而造成對於甲系列的遺忘。

　　由此可知，將許多罵人的辭彙累積，反而會沖淡對方的記憶，心理上的疙瘩也不致於太過於深刻。

　　同樣的道理，孩子們常會在玩鬧時使用謾罵式用詞，例如「羞羞臉」等，雖然是罵人的字眼，卻很少令人生氣。

　　日本著名小說家生犀，在他的名著《兄妹》當中，描述妹妹罵哥哥「酒鬼、浪子、色鬼……」，哥哥則回罵她「小瘋子」。

　　這種罵法並不表示兄妹之間相互憎惡，事實上，連續式的對罵反而更能突顯出親密的手足之情。

　　重疊、連發式的罵人方式，不僅不會令人生氣，有時反而能夠增加彼此的感情，是一種相當有意思的小技巧。

善用笑話，促進氣氛轉化

如果發覺雙方同時被某些因素所困擾，陷入低迷或劍拔弩張當中，不妨試著適當且活潑地插入一兩句笑話。

確實，壓力能激發潛力，讓人表現得比平常更好，但過度壓力也可能導致傷害，適得其反。

在這個人與人互動頻繁的時代，每個人都應當適度地培養一些小技巧，排解和別人打交道過程中可能產生的強烈緊張情緒與龐大壓力。

有一群印第安人被敵人追趕，只好離開家鄉，一路奔逃。一連跑了好幾天之後，酋長決定召集全部族人，展開談話。

當所有人都集合之後，他大聲說：「大家聽著，我有一個好消息和一個壞消息要告訴你們。」

族人們聽到這句話，自然又是緊張，又是擔心，紛紛交頭接耳，引起了一陣不小的騷動。

酋長舉手示意大家安靜，然後說：「首先，我要告訴你們壞消息──除了水牛飼料以外，我們已經沒有東西可以吃了。」

話音一落，大家都驚叫起來，露出恐慌的神色，彷彿世界末日就在眼前。慌亂中，一個勇敢的人舉手發問了：「那麼，好消息又是什麼呢？」

酋長笑著回答：「我們存有很多水牛飼料。」

不可否認，無論罵不罵人，和別人談話是一項必須耗費大量心力的工作，尤其是商業性談話，隨著事情的討論趨近高潮，氣氛也將越發緊繃。在這種情況下，談判參與者自然容易感到不安，並渴求化解的方法。

究竟該如何活絡氣氛，紓解層層的壓力呢？有些人喜歡嚼口香糖，有些人會選擇抽煙喝酒。的確，它們都能有效緩解緊張氣氛，但比較起來，效果最好還是首推「幽默感」。

只要用上一次，你就會同意以下這句話──笑是最好、最天然的鎮定劑，威力是尼古丁與酒精所不及。

如珠妙語不僅可以使緊張氣氛得到暫時緩解，提振萎靡疲憊的精神，甚至可望發揮更積極的作用，拉近雙邊關係，促進協議達成。

下一回，和別人談話時，如果發覺雙方同時被某些因素所困擾，陷入低迷或劍拔弩張當中，別急著破口大罵，不妨試著適當且活潑地插入一兩句笑話，相信會收到相當不錯的效果。

「疑問」的效力，更勝於命令

在工作中，疑問句更可以用來引導部屬們的判斷力，促使他們奮發振作，遠比斥責、痛罵還要有效。

現實生活中，有的人不管走到哪裡，都處處受人歡迎，做起事來左右逢源。

有的人卻寸步難行，即使在家庭、學校或工作場合，做事也處處碰壁，幾乎沒人願意和他進行良性互動。

其實，造成兩者之間的差別，原因就在於是否懂得掌握說話的藝術。只有懂得如何說話的人，才可能把語言變成自己的工具。

日本天皇御用攝影師熊谷辰夫，說過一則有關皇妃美智子的故事，顯示出她相當懂得語言的心理戰，能巧妙運用「疑問式比命令式」原則。

有一天，熊谷辰夫奉命進宮替皇太子浩宮拍照，攝取彈琴的鏡頭。可是由於場地太小，浩宮彈得又快，再加上全是高音階，效果非常不好。

如果雙手能移向低音階彈奏，取景便會方便許多。

他為這件事大傷腦筋，卻又不便啟口。

此時，美智子會意地說：「浩宮，你試著彈彈低音階，看看會不會更好聽？」

當皇太子將雙手移向低音鍵的那一剎那，熊谷辰夫把握了這難得的好機會，按下快門，成功拍出一張很具效果的照片。

美智子不用「彈低音」的命令口吻，而改用疑問的語氣，證明了她是一位精通兒童心理學的皇妃，能用最富技巧的方式說話。

心理學家普遍認為，希望孩子們聽話，採用對話的方式，效果往往不會太顯著；如改用命令口氣，雖然能夠達到預期的效果，但因強制性太重，常會使孩子們失去自發自動精神，因此採用疑問句是最佳選擇。

這種情形，當然不僅限於孩子，在工作中，疑問句更可以用來引導部屬們的判斷力，促使他們奮發振作，遠比斥責、痛罵還要有效。

「如果選擇這麼做，結果會如何呢？」巧用疑問句的說話方式，能給予對方一種軟性衝擊，加強期望狀態，從而願意主動加速進行某件工作。

當然，想要利用這種方法，必須以了解對方個性和當時的心理狀態為前提，否則將可能適得其反。

以自責代替斥責

責人時引出自責，往往會收到更佳的效果。同時也要注意切莫帶有諷刺意味，否則只會帶來反效果。

錯誤或衝突造成以後，與其譴責對方，不如以自責的態度來處理事情，更容易讓對方自我反省。

日本名評論家丸岡秀子曾在雜誌上發表過《連繫內心的話》一文，其中有如下一段，值得再三玩味：

丸岡小時候，在學校裡做錯了一件事，被級任老師狠狠地責罵了一頓，末尾還加了一句：「唉！我恐怕教不了這個孩子！」

這件事一直讓她記憶到今日，造成非常深遠的影響。

那位教師把過錯歸咎在自己的「能力」不足，所以對丸岡秀子產生了一輩子的影響。日後她在教訓自己的子女、學生時，總是自責似地說：「我不能把你們教成這樣的孩子哪！」

責人時引出自責，往往會收到更佳的效果。

這種自責方式，可以廣泛地用在人際關係上。

妻子不希望丈夫喝酒，與其叨嘮不休，大可以說：「我實在不希望讓自己的丈夫成為酒鬼。」

對於工作不力的部屬，主管也可以對他們說：「一定是我指

導無方，要不然你們怎麼會這樣！」

　　這種方式可讓人自我反省，但同時也要注意切莫帶有諷刺意味，否則只會使狀況惡化，帶來反效果。

　　現實生活中，我們不時見到有人為了爭論而爭論，試圖透過這種模式壓倒對方，或是讓對方照自己的意思行事！

　　事實上，這是不可能的事。

　　想以雄辯、說理使對方信服並不容易，尤其是以「自己的意見、對方的反對意見、自己的反對意見、對方的反對意見」模式進行爭論，更會加深彼此之間的對立僵持，並招致更多更有力的反駁。

　　爭論到最後，雙方的火氣一上來，便形同批鬥大會或澄婦罵街，最後不歡而散。千萬記住，立場對立時不宜爭論。此時，只有把對方導引至第三者的立場，才能收到正向效果。

　　譬如勸導一名不良少年，如果選擇直接和他爭論，態度立場針鋒相對，除了加深反感，不會有什麼作用，要是打罵他，將使狀況更糟。

　　此時，不妨提出另外一名不良少年說：「那個孩子太不像話了，天天惹他的父母傷心，你有機會勸勸他吧！」

　　這當然是虛晃一招，目的還是要他自己勸自己，即使被他看穿你的真正意圖，也是激起良知的一種好方法。

　　真正的獲勝者，是使對方能真正採納自己意見的一方。

　　類似勸服不良少年的例子，不妨在實際生活中找機會應用，比起一味地加諸觀念或斥責，有技巧地說話方式將更具成效。

爭辯只不過是浪費時間

爭辯只是為了要讓真理越辯越明而已，在一場辯論當中，沒有人會是贏家。因為爭來的勝利不是勝利，公理自在人心。

不要強迫對方接納自己的觀點，爭辯只是浪費口水、浪費時間。這是每個人對他人應有的寬容，也是做人應有的警覺。

假使對方真的有察納雅言的寬闊心胸，那麼你說一次他自然就聽得懂，不必口沫橫飛說得面紅耳赤。

有個獵人在山裡打獵，突然遇見一隻野豬朝自己走來，慌忙中，獵人舉槍就打，竟忘了槍裡頭沒有裝子彈。

神奇的是，這頭野豬雖然沒有中彈，卻被那響亮的槍聲嚇壞了，頓時兩眼一翻，昏倒在地上。

此時，恰巧有個野豬販子路過此地，獵人為了替自己省卻扛野豬下山的功夫，趕緊把野豬販子叫住，要他買下這頭野豬。

野豬販子仔細瞧了瞧商品，發現這頭野豬身上並沒有傷口，地上也沒有血跡，看起來大有問題，便對獵人說道：「這頭野豬不知道是怎麼死的，也不知道是什麼時候死的，恐怕已經不新鮮啦！」

「怎麼會呢？」獵人辯解道：「野豬是我剛剛才打死的，怎會不新鮮？」

　　只是，任憑獵人好說歹說，野豬販子仍然不相信，堅決不肯收貨。就在兩人激烈爭辯之際，野豬突然醒過來，一翻身就直往林子裡頭衝，才一眨眼的工夫，就消失得無影無蹤。

　　獵人見了，非常得意地對野豬販子說：「瞧，我說得沒錯吧，你看這頭野豬說有多新鮮就有多新鮮呀！」

　　爭辯就像這個故事，就算爭到最後，獵人終於證明自己的說法正確，卻落得一無所得。

　　為了要說服別人贊同自己的觀點，有時會無可避免地與人發生一些爭辯。適度的爭辯或許可以讓事情變得更加明朗，但是要記得遵守爭辯內容要有意義、爭辯時要有器量、爭辯態度要有分寸這三大原則。

　　如果你說的話真有道理，那麼在抒發己見之後，就留給時間評判吧。

　　爭辯只是為了要讓真理越辯越明而已，在一場辯論當中，沒有人會是贏家。因為爭來的勝利不是勝利，公理自在人心。

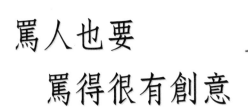

Chapter 8

罵人也要
罵得很有創意

臉紅脖子粗地罵一些大家都會罵的話，

　　未免太沒有創意，

　　也不能把「髒話」罵進對方的心坎裡，

讓對方欣然接受。

學會說話，別人才會聽你的話

 想處事更加順利，勸諫、批評的時候，可以透過情境的營造，施展循循善誘的技巧，讓對方接受你的意見。

　　為人處世，最重要的就是與人交流溝通，而言語則是與人交流最關鍵的媒介。所以想要順利行事，就要學會見機行事的說話技巧才行。

　　各種話語之中，又屬勸諫最難。這是因為每個人都有主觀意識和偏執的見解，要想說服對方放棄原本抱持的看法，接受另一種想法，基本上就是一件非常困難的事情。如果使用的方式不當，反而會適得其反。

　　此時，不妨用旁敲側擊的迂迴戰術來進行勸說，不直接批評對方的不是，而是引導他自己發現正確的道路。

　　春秋時期，鄭國發生了鄭莊公和他的弟弟共叔段爭奪王位事件。在這個事件當中，鄭莊公的母親姜氏支持小兒子共叔段。因而鄭莊公消滅了他的弟弟以後，當面對他的母親發下重誓：「不到黃泉永不相見。」

　　母子二人從此斷絕了關係。雖然後來鄭莊公感到後悔，卻由於受限於誓言，無法再與母親言歸於好。

　　潁考叔是鄭國的一個小官吏，有一天外出打獵，獵到了幾隻

貓頭鷹，便提著那幾隻貓頭鷹，以進獻野味為名求見鄭莊公。

鄭莊公笑著問：「你進獻的是什麼野味呀？」

穎考叔急忙上前說：「這種鳥叫鴞，十分不孝。小時候牠的母親哺餵牠，長大以後不僅不知回報，反倒啄食母親的肉，所以人們都捉牠來吃。」

聽了這番話，鄭莊公驀然心驚，似有所悟，隨即淡淡地說：「為這幾隻鳥，你就跑這麼遠的路，今天不要走了，在這兒吃飯吧。」

鄭莊公命人賜羊肉給穎考叔吃，穎考叔行了禮，接過羊肉，首先挑出一塊上好的羊肉包起來，恭敬謹慎地放在一邊，然後自己才開始用餐。

鄭莊公看他的舉止覺得不解，問他為什麼不吃那塊好肉。

穎考叔說：「因為我家窮，買不起羊肉，八十歲的老母親從未吃過這麼好的羊肉，我想把這塊肉帶回去給母親嚐嚐，想必主公不會怪我吧？」

鄭莊公聽了，長歎一聲說：「你真是孝子呀！」說著便淚如泉湧，「你有母親可以奉養，能夠盡人子的孝順之心，而我卻不能了。」

接著，鄭莊公便把將母親姜氏遣送到穎地的事告訴穎考叔，並說：「當時這件事處理得太草率，現在想來很是難過。無奈當時已立下誓言，『不到黃泉永不相見』，現在追悔莫及呀。」

穎考叔聽了鄭莊公的話，知道事情有轉圜餘地，接著說道：「大家都說主公至孝，您現在一定非常想念您的母親。如果覺得因為曾發過那樣的誓，一旦見面就失去了威信的話，我倒有個辦法。所謂黃泉就是地下的意思，事實上，不一定非等到人死了才到地下。」

「如果讓人挖個地道，您和姜夫人在地道見面，不就是『不到黃泉不相見』嗎？見了面之後，再把姜夫人接上來，不就兩全其美了嗎？」

鄭莊公聽了非常高興，稱讚潁考叔忠孝，更讚賞潁考叔的聰明才智。

想處事更加順利，勸諫、批評的時候，不一定得像蘇秦、張儀之流以鋒利的言辭、縱橫的氣勢、縝密的論辯來取勝，也可以透過情境的營造，施展循循善誘的技巧，讓對方接受你的意見。

潁考叔假裝不知道鄭莊公和他母親之間的事，也不說鄭莊公應該如何如何，而是先說鴞鳥如何不孝，接著自己又表現出孝順的模樣。

當鄭莊公受到情境影響，矜持被擊潰後，潁考叔再趁機提出建議，絲毫不會挫傷莊公的面子。

要是潁考叔劈頭就大義凜然，直指鄭莊公不孝，勸諫他該如何如何，恐怕只會讓鄭莊公惱羞成怒，早就被砍掉腦袋了。

學會說話，別人才會聽你的話，潁考叔可說是善於提出諫言的最佳例子。

遇到軟釘子，就要使出硬錘子

 要解決軟釘子，犯不著動怒動氣，也不必大聲
咆哮將對方罵得狗血淋頭，只要看準要害，再
使出撒手12來對付，難題自然迎刃而解。

現實生活中，有些人很難纏，不會正面和人發生衝突，但就
是喜歡耍賴、擺爛，一副「你奈我何」的模樣。

遇到這種人實在是棘手至極，處理不好，不但多樹立一個敵
人，還會讓人覺得自己仗勢欺人，損害形象。如果不能大刀闊斧
地快刀斬亂麻，最後就會被這些人吃得死死的，什麼事也做不成。

喜歡耍賴、擺爛的人都很聰明，知道硬碰硬、正面衝突不見
得對自己有好處，於是開始學著以軟抗硬，四兩撥千斤，給對方
軟釘子碰。可惡一點的，則大行陽奉陰違的伎倆，無論你怎樣著
急，怎樣發火，他都老神在在，不會與你翻臉，更不會與你吵架，
但就是不合作，存心要讓你好看。

遇上這種惡劣的爛人，你非但急不得，氣不得，惱不得，悔
不得，還得想出個好辦法，才能徹底將他擺平。

有一家名為華宇企業的服裝公司，專營服裝生產。一家貿易
公司見華宇的商品品質良好、賣相極佳，便主動要求簽約，代銷
它的產品。

這家貿易公司也坦白表示他們的資金運轉出了點狀況，所以

要求在出貨之後再給付款項。雖然合約條件有點不利，但是華宇企業為了打開當地市場，最後也只好勉為其難地答應。

結果，過了一年，當華宇企業派遣帳務人員到貿易公司要求收帳的時候，卻硬生生地碰了軟釘子。

貿易公司的總經理親自出來接待這位帳務人員，態度和善禮貌、笑容可掬，一路東拉西扯窮聊天，就是不提帳款，想要轉移帳務人員的注意力。

但是這名帳務人員倒沒忘記自己的職責，決定開門見山，表示今天就是要來催收已經積欠一年的貨款。

只見總經理立刻開始皺眉擠眼，一副為難的模樣，最後才吞吞吐吐地說：「之前簽約的時候也跟你們提過，我們公司的生意真的不是很好，本來也想及時交款的，可是……可是……，唉！一言難盡啊。可不可以稍緩幾天，讓我們再想想辦法……」

貿易公司總經理還沒吐完苦水，帳務人員心裡已經明白對方擺明了就是要耍賴拖帳。於是，他表面上和對方虛與委蛇，表示要向公司請示，立刻打了一通電話回公司向總裁報告。

總裁很快聽出帳務人員的話中之意，當下命人立刻調查對方的銷售和出退貨的狀況，同時，也透過認識的信用調查公司了解那家貿易公司的營運狀況。結果發現，這家貿易公司不但因為銷售華宇的產品大賺了一票，還連帶推銷出不少周邊產品，得到相當可觀的收益。

資料一到手，華宇總裁立刻打電話給帳務人員，然後請他將電話轉到貿易公司總經理手上。

那位經理一接到電話，就聽到總裁客氣地說：「您好，經過調查，我們發現貴公司經營效益極佳，生意好得不得了，根本不像您說的那樣，所以希望您能夠依合約按時付款，不要讓我們為

難。否則，本公司只好訴請法院裁決。」

　　一聽對方想走法律途徑，貿易公司的總經理氣焰一時全沒了，不但打消賴帳的念頭，還立刻命人帶領帳務人員到出納部簽領款項。

　　華宇企業能夠成功收回這筆帳款，全憑著他們掌握了足夠的訊息和資料，表面上客氣，實際上卻以強勢的姿態，讓對方無所遁形，軟釘子無處施展。

　　軟釘子看似軟綿綿毫無著力點，但是只要是人一定有弱點，只要看準了要害也能見縫插針，趁勢出擊。屆時，管他軟釘子還是硬釘子，全都不是問題。

　　對付這種人，一定不可心軟、手軟，最重要的是要表現出比對方更強勢的作風，當一把無堅不摧的「硬錘子」。

　　所謂「軟釘子」，無非就是將釘子用棉花包起來，讓人在不明就裡的情況下碰釘子。要解決軟釘子，犯不著動怒動氣，也不必大聲咆哮將對方罵得狗血淋頭，只要看準要害，先將那層棉花燒掉，再使出撒手12來對付，難題自然迎刃而解。

讓幽默達成最佳效果

 選擇適合自己性情的幽默表現方式，無論說話、辦事、建議、批評，幽默都能幫助你達到更有效的領導效果。

　　在我們的日常生活中，最常見的有三種類型的幽默：哲理性、詼諧性和嘲諷性幽默，可以從中萃取菁華，靈活加以運用。

　　哲理性的幽默，包括那些靈機一動的閃光和火花，信手拈來的雋詞佳句，耐人尋味的諧趣珍聞，令人回味無窮。例如：

　　「如果你想考驗狗的愛情，那麼你只需要扔過去一根骨頭。」

　　「如果你想讓人記住你，你就得不斷地跟他借錢。」

　　詼諧性的幽默，大多出現在性格的幽默中，表現方式則是大智若愚的「拙巧」，這類幽默往往三言兩語，卻能收到讓人拍案叫絕的效果。

　　德國天才詩人歌德是個「罵人不帶髒字」的高手，有一天，在威瑪公園的小徑上，和一位自命不凡的文藝評論家相遇。

　　那位評論家傲慢地說：「對一個傻子，我絕不讓路。」

　　歌德聽了之後，微笑著往旁邊一站，說道：「我卻恰好相反。」

　　他的詼諧不但充滿機智，而且還具有比正面攻擊還要有效的反擊效果。

　　嘲諷性的幽默是最常見的幽默之一，是以溫和而寬厚的態度對假、醜、惡的人或事，做出輕微的揶揄和批評，有時雖然荒誕不經，卻能發人深省。

　　其中所產生的張力，遠比一大堆廢話，或一長串情節更富深刻效果。

　　魯迅可說是中國近代文學史上的幽默大師，對於他的幽默，我們可能感到更為親切，更為熟悉。

　　像他對筆下的阿Q，正是「哀其不幸，怒其不爭」，對此人物極盡嘲諷之能事，以揭示麻木不仁的「國民劣根性」。

　　有一回，阿Q對人們說：「我本來姓趙！」

　　後來，這段話傳到有權有勢的地方豪紳趙太爺那兒，趙太爺聽了非常生氣，認為這個王八蛋也和他同一個姓，實在很不配，於是便把阿Q找來，當面問他：「你也姓趙嗎？」

　　阿Q點了點頭，沒想到，年過六旬的趙老太爺居然跳了下來，並賞了他兩巴掌。

　　從此以後，阿Q再也不敢說自己姓趙了，而且對自己的姓氏也漸漸忘卻，只記得自己「似乎姓趙」。

　　有一年，阿Q參加革命不成，反倒成了革命失敗者的代罪羔羊，即將被槍決正法。

　　法官們要他在供詞上畫押，他卻說不會寫字，他們就說不會寫字也無妨，只要畫個圓圈也行。

　　於是，他一手握著筆，手卻不停地發抖，好不容易畫成一個爪子形的圓。儘管他還嫌畫得不夠圓，感到很遺憾，還想重新再畫一次，可是法官們早已等得不耐煩，一把將判書扯了去。等到

要上刑場的那天早晨，他才有了點朦朧的感覺：「這似乎是要去殺頭！」

　　阿Q糊裡糊塗地生，又糊裡糊塗地死，魯迅筆下的他，既使人覺得發笑，但是笑過之後，卻又不禁為這樣的人深感悲哀，而這也正是魯迅特有的嘲諷式幽默藝術，一種讓人深醒的幽默。

　　不論你在場合或是日常生活中扮演什麼角色，一定要懂得幽默。你可以選擇適合自己性情的幽默表現方式，無論說話、辦事、建議、批評，幽默都能幫助你達到更有效的領導效果。

閃避迎面而來的攻擊

不動聲色地沉著應對，看清楚對手攻來的方向，看明白對手所持的武器，再伺機反擊。萬一不幸避之不及，最好先求保命！

　　批評，其實是一種進步的動力，唯有透過別人的眼睛，才能檢視自己的盲點，然後修正錯誤，重新整裝出發。

　　不可諱言的是，別人的批評一定帶有主觀的意見，難免會有偏激或謾罵的言論出現，這種情形特別容易發生在高層領導者的身上。因為，高層領導者所做的決策，影響到的人數越多，對於每一個個體的需求與照顧也越難周全，當然，遭遇到的批評與攻訐，也比旁人更多。

　　那麼，當我們不可避免要遭遇批評時，我們該如何自處呢？

　　或許，可以聽聽美國總統傑佛遜的答案。

　　有一次，德國科學家巴倫前來白宮，拜訪老朋友美國總統傑佛遜。交談之時，巴倫不經意間在總統的書房裡看到一張報紙，細讀之下，發現上面的評論，竟然全是辱罵總統的攻擊之辭。

　　巴倫氣不過，抓起報紙憤憤地說：「你為什麼要讓這些謠言氾濫？為什麼不處罰這家報社？至少也該重罰編輯，把這些不尊重別人的傢伙丟進監獄。」

　　面對眼前氣得頭髮快要冒煙的巴倫，傑佛遜卻微笑著回答

說：「把報紙裝到你的口袋裡，巴倫。如果有人對我們實現民主和尊重新聞自由有所懷疑的話，你可以拿出這張報紙，並告訴他們你是在哪裡見到的。」

想要終結毀謗，最好的方式就是不去辯解，讓謠言不攻自破。

身處越高層的人，得到的掌聲與注目越多，相對的，所受到的攻擊也會與日俱增，誰教你目標顯著？

正所謂「譽之所至，謗必隨之」，敵人一定會從你的弱點不斷地攻來，能否坦然處之，不正中敵人下懷，就得看你如何運用智慧化解危機。

新聞媒體的負面評論，當然一定會帶來相當大的影響，但是並非全世界的人都相信媒體的說法。

如果傑佛遜如同巴倫一般惱羞成怒，甚至利用自己的權勢對媒體進行施壓、報復，不就反而讓人以為他是心中有鬼，被人刺中痛處，才有此舉動。

有些事越澄清越模糊，越解釋越讓人覺得可能還有所隱瞞，反而對自己不利，如此一來，麻煩揮之不去。

不如不動聲色地沉著應對，看清楚對手攻來的方向，看明白對手所持的武器，先側身避開要害，然後再伺機反擊，以子之矛攻子之盾，才能制伏敵人。

萬一不幸避之不及，最好先求保命，反正君子報仇，三年不晚嘛！

話別說太滿，以免丟臉

 不管有幾成的把握，話都不宜說得太滿。若是事前就誇下海口，要是有個萬一，恐怕就要大大丟臉了。

民初作家周作人曾說：「人類最大的弱點之一，就是自命不凡的習性。」

驕傲、眼高於頂的人，不僅沒人喜歡親近，也會在驕傲中自己毀滅，因為他看不見自己的缺點，也看不見自己的不足之處。

他高傲的態度，將會讓他面臨比別人更為嚴苛的挑戰。

徐渭是明代著名文學家、書畫家，也是晚明時期思想解放運動的先驅，從小聰敏過人、博聞強記，行事詼諧戲謔，喜歡捉弄人。

有一年秋試，皇帝派了一個叫竇光鼐的老太師到紹興負責主試。為了籌備相關事務，竇太師便提前來到紹興。

這位竇太師年紀雖老，可是態度一點也不謙虛，遊街過市時，總是將一塊「天下無書不讀」的御賜金牌扛在前面，一路耀武揚威，自以為學識淵博，天下間無人能出其右，目空一切，傲慢得不得了。

徐渭當時還是個小孩子，聽說這種情況，心想：「不如想個法子捉弄他，挫挫他的傲氣，看他還神氣不神氣？」

　　徐渭打定主意後，便在竇太師到紹興那天，不顧夏日炎熱，赤身露腹地睡在東郭門內的官道上。

　　「噹噹……」雖然鳴鑼開道的聲音越來越近，徐渭絲毫不理會，繼續睡覺。領頭的執事看見一個小孩睡在官道當中，就稟報老太師說：「太師，前面有個小孩擋官攔道！」

　　竇太師聽說攔道的是個小孩，感到十分驚訝，吩咐轎夫停轎，自己走出轎子看到底是怎麼一回事。

　　竇太師把徐渭叫醒之後問道：「孩子，大熱天的，你睡在熱石板上做什麼？難道不怕太陽曬嗎？」

　　徐渭從容回答：「不做什麼，只是曬曬肚裡的萬卷書。」

　　竇太師聽後，心想：「你這小鬼，人小口氣卻很大，讓我來考考你，看你還能不能這麼囂張？」於是就對徐渭說：「既然你喜歡讀書，一定還會對聯。我出個上聯讓你對，你若對不出，就趕緊讓道迴避。」

　　徐渭說：「好，請出題吧！」

　　竇太師想起紹興南街有三個閣老台門，便隨口說道：「南街三學士」，徐文長不假思索，回對：「東郭兩軍門」。竇太師一聽，覺得南街對東郭、文官對武將，而且這五個台門都是紹興城內有名的，不由得點頭稱讚。

　　這時，徐渭故意問竇太師：「您金牌上那六個大字怎麼解釋？」竇太師得意回答：「皇上知道天下沒有我未讀過的書，因此御賜這塊金牌給我。」

　　徐渭一聽，問道：「那麼請問竇太師，《萬年曆》您應該也讀過吧？」

　　竇太師聽了一時張口結舌，答不上話。

　　徐渭趁機拿出事先準備好的《萬年曆》，遞給竇太師，笑嘻

嘻說：「太師沒讀過，學生倒會背。」

說完，徐渭便熟練地背誦起來。竇太師對照著書，發現他果然背得一字不差，但自己讀遍經書，就是沒有留意過這本「書」，真是慚愧啊！徐渭理直氣壯地問：「太師既然有書未讀過，那這塊金牌該怎麼辦呢？」

竇太師聽後，羞得滿臉通紅，只好撤去了那塊金牌，從此再也不敢以「天下無書不讀」來自居了。

沒讀過《萬年曆》本來沒有什麼了不起，這本寫滿節氣的農民曆本來就是「工具書」，哪有人拿來背誦的？徐渭自然是故意拿這本書來為難竇太師了，誰叫竇太師誇口「天下無書不讀」？

雖然中國古代的書籍種類沒有現在多，但是要全都研讀過，也是一件不可能的事。竇太師那面御賜金牌，除了表示他對自己的學識相當有自信外，也是仗了幾分天子的威信，因此行走天下時，又有哪個讀書人敢去跟他作對，指出他的錯誤？這也難怪他能這樣得意洋洋地四處招搖了。

不管有幾成的把握，話都不宜說得太滿。若是事前就誇下海口，說自己有多棒、多厲害，要是遇上如徐渭這般專找麻煩的人，恐怕就要大大丟臉了。人要是太驕傲，不管實力有多強、後台有多硬，一定會有跌股摔跤的時候。

相對的，面對目空一切或狐假虎威的人，如果想挫挫他的傲氣，不妨學學徐渭的手法。

多設幾個圈套，多拐幾個彎，然後讓他像竇太師這樣，一世英名毀在一本「萬年曆」手上，如此他才會知道說話做事時，還是不要太自大才好。

不急不氣，就會有驚人的創意

不管發生了什麼事，不要慌、不要忙、不要急、不要氣，試著讓自己冷靜下來，說不定你也會有意想不到的驚人之舉！

機智是創意的源頭，但機智可不是無中生有的，只有最常運轉的腦袋，才可以想出最聰明的點子！

能夠寫出像《聊齋志異》這種膾炙人口的書籍，可見作者的想像力已經到達到了出神入化的地步。清代文學家蒲松齡天賦異秉，以過人的想像力，創造出許多不朽的文學作品；源源不絕的靈感，更讓他從容面對各種刁難。

蒲松齡年少時就已聞名鄉里，因為他口才了得，會說許多很好聽的故事。有一次，一群鄉親為了聽故事，合夥將蒲松齡的鞋子藏了起來，非要蒲松齡講個故事，否則休想拿回鞋子！逼不得已，蒲松齡只好屈從，坐在樹下開始將故事娓娓道來：

從前有一對情侶，兩人私訂終身，非君不嫁，非卿不娶。沒想到，女方父母卻強將女兒另許他人，男的知道後非常傷心，和女方兩人抱頭痛哭之後，相約當天晚上跳井殉情。

到了晚上，男的先來到井邊，想試試女的是否真心愛他，所以將自己的鞋子脫下來放在井邊，自己則藏身到樹後去。

沒多久，女的來了，看到男的鞋子擺在井邊，以為他死了，

對著深不見底的井水哭泣了好一會兒。她本來也想追隨男的而去，但念頭一轉：「我這麼年輕，要是就這麼死了多不值得啊，不如他跳他的，我嫁我的吧！」

於是，女的從井邊站了起來，看看地上那雙鞋子還挺新的，就順手拾起來帶走了。躲在大樹後頭的男子楞在那兒，愛人走了，自己的鞋子也沒有了，不禁對著井水痛哭了起來。

幾天後，女方家歡天喜地嫁女兒，眼看花轎就要抬出村子了，男的急急忙忙趕上花轎，對著女的大聲嚷嚷：「喂！妳嫁給別人不要緊，但是得還我的鞋子啊！」

說得正精采，蒲松齡卻停了下來，不說了。鄉親們才剛入迷，哪裡肯就這麼罷休，紛紛鼓噪了起來：「下面呢？下面呢？」催著他繼續講下去。

只見蒲松齡抬起頭來，再說了一次：「得還我的鞋子啊！」鄉親們聽了，先是一愣，接著迸出笑聲，將鞋子還給他。

同樣是人生，為什麼有的人能生活得悠遊自在、海闊天空，有人則是沉悶陰暗、處處碰壁？其實，其中的差異只在於是否具備機智幽默的特質。

機智的人不一定智商高，但是他們的情緒管理卻都出奇的好，不會遇到不如己意的事情就暴跳如雷，甚至口出惡言。

專家說，機智的先決條件，就是「冷靜」，只有在遇到事情仍能保持冷靜的人，才能做出最聰明的判斷。

能做出聰明判斷，才能見招拆招，把局面轉至對自己有利的方向。因此，不管發生了什麼事，不要慌、不要忙、不要急、不要氣，也不要頻頻用髒話咒罵別人。試著讓自己冷靜下來，說不定你也會有令人意想不到的驚人之舉！

懂得順水推舟，說話才會靈活

順水推舟是種極富機智的說話方式，它的靈活性很大，在任何場合中都能使用，更能使聽話者留下深刻、良好的印象。

在特殊場合中，順水推舟的說話方式可達到傳遞訊息、抒發感情的目的，可以說是一種特殊情況下的語言表達方式。

俄國著名文學家、批評家赫爾岑年輕時，有一次去一個朋友家赴宴，但他被宴會上演奏的輕佻音樂吵得十分難受，只好用手摀住耳朵。

主人見了忙解釋說：「正在演奏的是高尚的流行樂曲啊！」

赫爾岑反問：「流行樂曲就一定高尚嗎？這種曲子聽了令人受不！」

主人接著反問：「不高尚怎麼會流行呢？」

赫爾岑進一步反駁道：「流行性感冒也是高尚的嗎？」

主人聽了啞然，無言以對。

順水推舟的說話方式，是人際關係處於複雜狀態下的產物。有時迫於人際關係的複雜，或客觀環境不允許直話直說時，要想把自己心中的話說出來，又不想把關係搞僵使自己受到危害，順水推舟就是最好的表達方式。

它是一種曲折迂迴的表達方式，也帶有相當大的靈活性。

簡單說，這就是一種「遇到什麼情況就說什麼話」的機智，訣竅在於順著對方的語意或行為說話，既可以駁斥對方，也可以避免別人難堪。

英軍總司令威靈頓公爵在滑鐵盧大敗拿破崙，凱旋回到倫敦後，舉辦了一個相當隆重而盛大的慶祝晚宴，參加這次宴會的有各界社會名流、貴族紳士，還有許多參戰的軍官和士兵。

當天晚宴的菜餚十分豐盛，到最後晚宴即將結束時，每個人面前都擺了一碗清水。這時，宴席上一名士兵竟大大方方地喝起這碗水。

見到這種情形，在場的貴賓都竊笑不已。

原來，這碗水是在吃點心前給賓客洗手的，但那名農家出身的士兵不懂宮裡的規矩，因而鬧了笑話。

那名士兵了解真相後，頓時羞得滿臉通紅。威靈頓公爵見到這情況，便端著眼前洗手水站起來說：「各位女士、先生們，讓我們共同舉杯為這位英勇的戰士乾一杯吧！」

一陣熱烈的掌聲後，大家舉杯同飲。

威靈頓公爵水推舟的一番話，化解了那名士兵的難堪，更使在場的每位賓客都為威靈頓公爵的人品與舉止深受感動。

順水推舟是種極富機智的說話方式，它的靈活性很大，在任何場合中都能使用。若是使用恰當，更能使聽者留下深刻、良好的印象，是想建立良好人際關係的人不得不學的說話技巧。

罵人也要罵得很有創意

 臉紅脖子粗地罵一些大家都會罵的話，未免太沒有創意，也不能把「髒話」罵進對方的心坎裡，讓對方欣然接受。

法國作家布瓦洛說：「一句別出心裁的話，重點就在於，雖然所說的內容可能是每個人都曾想到過的，但述說的方式卻是生動、精妙、新穎的。」

陳腔濫調爲什麼令人厭惡？因爲，不管捧人還是罵人，同樣的話一講再講之後，不管它本來有多麼吸引人，到後來大家早就厭煩了。但有時爲了說些場面話，或是爲了硬要擠出一點話題，我們還是不得不說。

說話到了這個地步，還有什麼意思呢？

所以，不管捧人或罵人，都要把話說得很有創意，才能讓對方印象深刻。

紀曉嵐是清朝乾隆年間的大學士，才思敏捷、學識過人，三十一歲那年，便被選入翰林院，主修《四庫全書》。

紀曉嵐之所以會那麼出名的另一個原因，在於他喜歡捉弄人，有時罵人不帶髒字，有時又指名道姓罵，機智幽默和那些驚人之語，往往讓被捉弄的人哭笑不得。

有一次，王翰林的太夫人做壽，宴會上張燈結彩、冠蓋如

雲。賓客到齊後，主人請紀曉嵐撰寫祝詞，當場朗誦，紀曉嵐也愉快地答應了，即席朗誦道：「這個婆娘不是人……」

此句一出，語驚四座，堂上老夫人臉上「刷」地罩下一層寒霜，但總算強忍住怒氣沒有發作，賓客們面面相覷，深覺紀曉嵐太失禮了，不該在大庭廣眾之下出口傷人，身為主人的王翰林，更不知如何是好。

在這非常尷尬的節骨眼上，紀曉嵐又從容地說出第二句：「九天仙女下凡塵。」

只見此言一出，全場賓客全改口，紛紛稱讚。

紀曉嵐在大家鬧哄哄的時候，又提高嗓門，搖頭晃腦地唸出第三句：「生個兒子去作賊……」

這下可好，滿堂賓客猶如忽有一石投下，立即啞然無聲的一塘鳴蛙，主人僵在那兒傻了眼，感到十分難堪。

只見紀曉嵐眼睛掃視全場，吊足了大家的胃口後，才慢吞吞地道出結句：「偷得仙桃獻母親。」

紀曉嵐的話音剛落，全場爆出一陣歡笑，皆大歡喜！

紀曉嵐如果生在現代，依他的才能，絕對可以成為一位相當傑出的創意總監。

能把最老套的祝壽語，變成逗趣詼諧的四句聯，前半讓人怒不可遏，後半又將人捧上天去，這種功力真正讓人讚嘆。雖然大家都知道他明著罵人，卻又甘心被罵得心花怒放。

現代社會越來越強調每個人的「創造性」，別人已經說過一千次、一萬次的話，我們能不說就不要再說。

罵人的藝術也是如此，臉紅脖子粗地罵一些大家都會罵的話，未免太沒有創意，也不能把「髒話」罵進對方的心坎裡，讓對方

欣然接受。

　　「創意」與「創見」多半來自不依俗套、不滿足於既有現狀的頭腦，以另一種嶄新的方式，把心裡的想法巧妙地表現出來。

　　如果你現在還不太會罵人，也不用氣餒。只要懂得細細揣摩話語的功用，替「髒話」進行一些華麗的包裝，就能展現罵人的創意。

　　「創意」強調出奇不意，唯有跳出依循俗套的思考框架，才能成為一個貨真價實的「罵人高手」！

財富多寡不能代表你的人生成就

 如果我們一味地讓雙眼關注於金錢之上，最後
一定會被貪婪所害，因為不滿足的眼睛永遠看
不見身邊的危機。

日本卡通〈忍者亂太郎〉的主角之一霧丸，只要一聽到任何
可以和錢聯想在一起的事物，兩個眼睛就會變成銅板。

現實生活中，類似霧丸這樣滿腦子都是錢的人並不在少數。

事實上，財富並不代表一個人的成就高低，就像學問卓越與
個人修養，很多時候呈現反比關係一樣。那麼，遇到擁有一些財
富或有一些成就，就到處誇耀或滿口生意經的人，話要怎麼說才
能讓他知道，其實他只不過是個市儈、庸俗的井底之蛙呢？

約瑟夫是個非常有錢的商人，擁有一百五十隻駱駝和五十名
奴僕的他，每次和朋友聚會時，非常喜歡誇耀自己的財富與豐富
的經商歷程。

這晚，他又邀請了許多朋友到家裡玩樂。宴會進行之中，他
當然不忘記要誇誇其談：「你們知道嗎？我在土耳其那兒存了一
批貨，在印度也有一批花色齊全的商品，你們看，這張房契是我
剛剛簽下的新屋，還有，這張是那間大商號開給我的抵押單。」

約瑟夫滔滔不絕地說著，臉上更是充滿著驕傲自負的神情，
當他看見朋友們個個聽得目瞪口呆，心中更是得意。

　　虛榮心一起，他也樂得越說越起勁：「以後，我打算一邊經商一邊遊玩。聽說硫磺在中國很值錢，我想把波斯的硫磺帶到中國販售；到了中國，我準備買一些瓷器到希臘去賣，因為威尼斯那兒的人很喜歡。在威尼斯那兒，我會準備一些綢緞，然後再往印度那兒去，接著我會在印度那裡換一些鐵，然後再到葉門換些花布回波斯來。」

　　「好了，我說完了，談談你們的見聞吧！」約瑟夫一口氣說完之後，終於想到要讓朋友們說幾句話了。

　　這時，有個與他十分要好的老朋友開口：「我曾經在沙漠地區遇到一個從駱駝上跌下來的商人，他臨死前對我說：『貪婪的眼睛如果看不見滿足，那麼他最後一定會被黃土所淹沒！』這是我今生永遠不會忘記的一幕。」

　　其他人聽出箇中弦音，全都忍不住會心一笑，不過約瑟夫似乎悟性不高，竟冷冷地道：「就這樣而已啊！」

　　關於約瑟夫口中的發財夢，想必你也和「老朋友」一樣，充分感受到狹隘又貪婪的商人特色吧！

　　我們都知道，對好大喜功的人來說，他們人生的經歷，大都是貪求財富，很少有人會發現貪婪裡四伏的危機，或是慾望高漲後的迷失。面對這種「眼睛隨時會變銅板」的人，苦口婆心的勸說只是徒費口舌，倒不如讓他看看〈忍者亂太郎〉，讓他明白自己是什麼德性。

　　你也可以說說這個故事，讓他體會其中的寓意。

　　然後告訴他，無論擁有什麼樣的機會或財富，別讓貪婪侵佔心眼，如果一味地讓雙眼關注於金錢之上，最後一定會被貪婪所害，因為不滿足的眼睛永遠看不見身邊的危機。

Chapter 9

罵人，一定要
拿捏分寸

諷刺像一把雙刃劍，

　　可以使你受益，也可以使你受損。

用得恰當，它是利器，

　　用之不當，便會惹事生非。

罵人，一定要拿捏分寸

> 諷刺像一把雙刃劍，可以使你受益，也可以使你受損。用得恰當，它是利器，用之不當，便會惹事生非。

譏諷，在交際性的語言當中，是一種有較大刺激作用和感情色彩的表達方式，效果非常強烈。

譏諷性談吐具有含蓄、幽默、風趣、辛辣等特點，是一種「攻擊」語言。它透過比喻、誇張、反語等修辭手法，來表達說者的輕蔑、貶斥、否定的思想感情，能收到罵人不帶髒字、回擊挑釁等效果。

在交際場合中，人身攻擊之類的不愉快狀況在所難免，如果你不想吃啞巴虧，譏諷將成為最好的防身盾牌。反唇相譏是門技術，必須做到「藏中有露，露中有藏」，若盡藏則不知所云，若盡露則赤膊上陣，毫無學問。

蕭伯納的《茶花女》即將上演，他派人給邱吉爾送去兩張票，並附上一張短箋：「親愛的溫斯頓爵士，奉上戲票兩張，希望閣下能帶一位朋友前來觀看拙作《茶花女》的首場演出——假如閣下這樣的人也會有朋友的話。」

邱吉爾回信道：「親愛的蕭伯納先生，承蒙賜戲票兩張，十分感謝。我和我的朋友因為有約在先，不便分身前去觀看《茶花

女》的首場演出，將改觀賞第二場──假如你的戲能演到第二場的話。」

　　一個嘲諷政治家只有對手，沒有朋友；一個反諷戲劇家的戲劇可能短命，不會長壽。諷中含趣，樂中有戲，相當高明。對於生活中的蓄意挑釁，我們也可以運用諷嘲維護自己的尊嚴。

　　英國作家蕭伯納一次坐在沙發上沉思，他身邊的一位美國金融家說：「蕭伯納先生，如果您讓我知道您正在思考什麼的話，我願意給您一美元。」

　　「我的思考一美元也不值。」蕭伯納看了他一眼，這樣回答。金融家一聽，感到很得意，沒料到蕭伯納話鋒一轉，又說：「我所思考的，其實正是你。」金融家本想戲弄蕭伯納的思考只值一美元，沒想到自討沒趣。

　　當然，諷刺要掌握分寸，不宜隨意使用，需要區別對象、場合。諷譏之言，就動機來說，有善意與惡意之分。對敵人的諷刺要針鋒相對，不留情面；而對一般人的諷刺，則應是善意的，用意在於引起警覺，絕不是刻意出對方的洋相，藉以取樂。

　　進一步來看，不要以為自己會諷刺，就到處挑戰，稍不如意就對別人挖苦譏笑，惡語中傷。這樣不但會傷害別人的感情，使自己孤立，成為眾矢之的。

　　諷刺像一把雙刃劍，可以使你受益，也可以使你受損。用得恰當，它是利器，用之不當，便會惹事生非。

過度指責，只會讓溝通受挫折

過往的成功溝通經驗告訴我們：學會寬容和尊重，才能更和睦地與人相處，與人共享生活的點滴樂趣。

俗話說「一樣米養百樣人」，確實一點也沒錯。

有的人只相信自己，不相信別人，讓人避而遠之；有的人總喜歡嚴厲地責備他人，使對方產生怨恨，不知不覺讓溝通難以進行，事情也辦得一團糟。

這兩種待人處世的方式都不理想，因為只有不夠聰明、不懂溝通的人，才動輒批評、指責和抱怨別人。

不妨檢討一下自己，是不是也有喜歡責備別人的毛病？

若身為公司主管，分配下去的某件工作沒有做好，我們很可能不是積極地去尋找原因，研究對策，而是指責下屬：「你怎麼搞的？怎麼這麼笨？」

這種時候，下屬會有什麼反應？他可能什麼也不說，但在內心會覺得你不近人情，從而導致怨恨產生。不快情緒日積月累，必會大大阻礙彼此的正向溝通互動。

有一則笑話是這樣說的：

這天，丈夫回到家，發現屋裡亂七八糟，到處是亂扔的玩具和衣服，廚房裡堆滿碗碟，桌上都是灰塵。他覺得很奇怪，就問

妻子:「發生什麼事了?」

　　妻子沒好氣地回答:「平日你一回到家,就皺著眉頭對我說:『這一整天妳都幹什麼了?』所以今天我就什麼都沒做。」

　　動不動就開口罵人,實在不是一種好習慣,會在傷害別人的同時也傷害自己,讓彼此都不好過。

　　接下來,讓我們看一些實際的例證:

　　一八六三年七月,蓋茨堡戰役展開。眼見敵方陷入了絕境,林肯下令要米地將軍立刻出擊。

　　然而,米地將軍遲疑不決,用盡各種藉口拒絕,結果讓敵軍順利逃跑了。林肯聞訊勃然大怒,立刻寫了一封信給米地將軍,以非常強烈的措辭表達了自己的極端不滿。

　　但出乎他人想像的是,這封信並沒有寄出去,林肯死後,人們在一堆文件中發現了這封信。

　　林肯為什麼不將信寄出?這是相當值得深思的問題。

　　也許林肯設身處地設想了米地將軍抗命的原因,也許他預想了米地將軍見到信後可能產生的反應,可能會憤怒地為自己辯解,也可能會在氣憤之下乾脆離開軍隊;無論哪一種,都對大局無益。木已成舟,把信寄出,除了使自己一時痛快以外,還有什麼好處呢?答案是顯而易見的。

　　不要指責他人,並不代表放棄必要的批評,而是要要抱著尊重他人的態度,以對方能夠接受的方式表達意見。

　　曾有一家工廠的老闆,一天巡視廠區,正巧看到幾個工人躲

在庫房吸煙。庫房是全面禁煙的，但這位老闆沒有馬上怒氣衝衝地責備工人說：「你們難道不識字，沒有看見禁止吸煙的牌子嗎？」而是稍冷靜了一下，接著掏出自己的煙盒，拿出煙給工人們說：「試試這個牌子的煙吧！如果你們能到屋子外去抽，我會非常感謝的。」

工人們一聽全都感到相當不好意思，紛紛掐滅了手中的煙。

我們喜歡責備他人，常常是為了表現自己的高明，有時也帶有推卸責任的目的。這都是不對的，古人講「但責己，不責人」，就是要我們謙虛一些，嚴格要求自己一些，這只有好處，絕無壞處。

想要責備別人的不是之前，請閉上嘴，對自己說：「看，壞毛病又來了！」這麼一個小動作，將可以幫助你逐漸改掉喜歡責備人的壞習慣。

尖銳的批評和攻擊，所得的效果必定是零，因為你想指責或糾正的對象會為自己辯解，甚至反過來攻擊你。

過往的成功溝通經驗告訴我們：學會寬容和尊重，才能更和睦地與人相處，與人共享生活的點滴樂趣。

氣氛越輕鬆，你越容易成功

與人溝通的一大竅門，就在於找出彼此都感興趣的話題，將距離拉近，如此將有效消除雙方的陌生感，活絡談話氣氛。

活在這個商業社會，要靠做生意賺錢，就免不了得與客戶打交道、進行交流，否則無從獲利。既然彼此間有利益關係存在，更需要注意交流的方式。

與客戶交流時，應力求語言簡明扼要，能準確抓住重點，使對方有興趣和耐心繼續聆聽。

除了語言簡明，說話得體也很重要，因為不得體的語言容易造成尷尬的局面，甚至傷人自尊。

為了與客戶順利進行交流，一定要注意自己的語言表達方式。

與客戶交流時，由於雙方關係可能存在對立或不夠熟悉，容易使談話陷入僵局。為了有效避免這種狀況的出現，應當儘量製造輕鬆、和諧的談話氛圍。

事實上，雙方必定都希望能在輕鬆自如的氛圍下進行交流，可是，很多時候卻由於找不到共同的話題，無法打破僵局。

這時候，大可以拋開主題，另尋一些有趣的話題，如此既活躍談話氣氛，又淡化彼此的陌生感。發生在自己身邊的一些小事物就是非常好的討論話題，越是與日常生活相關，越能引起共鳴，進而達到心靈上的溝通。

第一次世界大戰時，美國女權主義者南茜拜訪了英國首相邱吉爾。邱吉爾熱情地接待了她，但由於彼此相當陌生，一開始不知說些什麼好，氣氛自然顯得有些沉悶、尷尬。

邱吉爾畢竟是老道的政治家，為了打破僵局，於是開始說起一些家常趣事。他說：「一次，我和妻子吵架，她兩天不與我說話，後來我實在憋不住了，就對她說：『你這樣對我，不如乾脆點，直接往我的咖啡裡放點毒藥！』」

南茜出神地聽著，被邱吉爾的描述吸引了注意力。

邱吉爾接著又說：「她聽我這麼說，頓時覺得自己的做法有點過分，因為我的過錯畢竟沒那麼嚴重，不至於到要喝下有毒咖啡的地步哪！」

說完，兩人都笑了，氣氛得到明顯的和緩。

幽默是語言的精華，想要建立良好的人際關係，或是改變對方的認知，成功地使事情朝自己期望的方向發展，非但不能口出髒話，更要用幽默的說話方式，把自己的意見滲透到別人的心裡。

與人溝通的一大竅門，就在於找出彼此都感興趣的話題，將距離拉近，如此將有效消除雙方的陌生感，活絡談話氣氛，提高溝通成功的可能性。

適當的讚美助你事半功倍

當對方犯了錯誤，不要毫不留情的給予指責，最好的溝通方式是透過讚美先緩和關係，然後再給予適當責備。

　　人們受到責備時，多少會感到不痛快，因此必須謹慎行事。成功的指責是一種讚美，失敗的指責則正好相反，足以導致人際關係的動搖。

　　指出別人的錯誤，是對別人某項特質或某種行為的否定，而否定又有輕重之別，應該針對犯錯者的個性採取區別對待，採用適當的方法分別指出。

　　如果你是公司老闆，見到員工在工作中出現失誤，你就應當講究指正方法，做到因人而異，使溝通發揮積極意義。

　　有的員工因為本身個性的原因，常常缺乏幹勁，沒有主動性。對於他們的毛病，強硬指責往往無濟於事，因為主動性必須從內心真正激發出來，而非僅憑外在壓力。

　　對待他們，指責只能是隱晦的，更適當的方法是進行激勵，或儘量調整職務內容，把工作與他們的專長和興趣聯繫。

　　以激勵替代指責，如此的溝通方法還能使員工產生責任感，在這種溝通模式下，員工必然心服口服，因為努力得到了承認，積極性也得到了肯定。

　　有些時候，你可能會碰上一些比較「特殊」的人，無論怎麼批評、怎麼指責，對方都只是聽之任之，我行我素，依然如故。

　　千萬不要因此動怒，事實上，還是有溝通的方法。

　　有位女經理，精明強幹，手下的一班幹將也都十分出色，但前不久一名助手因為遷居而調職，由一位剛畢業的大學生接任。

　　這位新來的女大學生，人長得漂亮，又很會打扮，專業能力也很強，但做起事來馬馬虎虎，接手不久便出了不少狀況。

　　女經理一開始還忍著，認為一段時間之後會有改善，但事與願違，對方仍然是老樣子。

　　非但如此，這個女孩還把任何批評、責備都當耳邊風，讓人又氣又急，偏偏拿不出辦法。

　　有一天，那位女經理突然靈機一動，決定改變溝通方式——減少責備，把重點放在稱讚對方的優點上。

　　有一天，這個女孩換上一身新衣，梳了時下較流行的髮型來上班。女經理一看，覺得機會來了，便馬上稱讚說：「這身衣服真不錯，再配上這個髮型，實在漂亮。要是妳工作起來也能一樣漂亮就好了！」

　　女孩聽了，臉一紅，馬上意會到經理話中有話。

　　沒想到這個辦法真靈驗了，不出幾天，那女孩的表現就好了很多，一個月後，表現出非常出色的工作成績。

　　日常生活中，我們免不了要批評別人，也免不了會遭人批評。批評不全然是壞事，因為人想要進步，就得虛心聽聽別人的建言，才能改善自己的盲點。

　　可是，忠言往往逆耳，即使是最善意的批評，還是可能被對方認為是在找麻煩。

　　因此，想讓對方聽進自己的批評，就得多費點心思。

　　溝通的目的，在促進彼此理解，因此可以透過許多途徑進行，責備固然是一種，但最好少用。

　　要使對方理解自己的想法，可以從另一個角度出發，利用稱讚來使他們改掉毛病，進而達成目的，提高整體的工作效率。

　　當對方犯了錯誤，不要毫不留情的給予指責，最好的溝通方式是透過讚美先緩和關係，然後再給予適當責備。

保持冷靜是解決糾紛的最好途徑

 身為下屬，必須謹記一件事情：無論如何，都
要讓自己保持冷靜，同時做好自己該做的事。

工作中，上下級之間難免產生矛盾。碰到這種狀況，埋怨無濟於事，根本解決不了問題。因此，在抱怨上司的同時，也要檢討一下自己的行為，因為你很有可能基於對工作的不滿，而將所有責任都推到上司頭上。

遇到這種情況，切忌意氣用事、無理取鬧，因為這是必定會把事情搞砸的最糟糕做法。但也不能忍氣吞聲，畢竟單憑逆來順受不可能在職場出人頭地。最好的辦法，該是採取以下幾點：

● 弄清事情的真相

有時，上司的做法確實委屈了你，可你又不知原因何在。這時就該仔細調查瞭解，是不是上司真的有意為難，和自己過不去。

● 當忍則忍

確定了上司是有意為難，千萬不要盲目回擊，而要想辦法找出理由拆穿他，讓他知道你不是可以任意擺佈的棋子。若暫時找不到反駁的依據，也不要胡鬧，最好的辦法是裝糊塗，暫時忍住，等找到合適的時機再另謀對策。

● 理直自然氣壯

如果確實找到了上司有意為難的證據，你就可以用自己掌握

的一切來與他理論。這種時候，必須講究方法，畢竟辦公室不同於其他場所，上下級關係的距離不可逾越。

在公眾場合拆穿上司，會讓他尷尬難堪，對自己沒有好處，因此最好於私下處理。切記，保持態度的不卑不亢，理直氣壯而不咄咄逼人，以留有迴旋餘地。

既然上下級之間矛盾的產生不可避免，那麼作為下級，有必要好好研究、學習一下化解矛盾的方法：

●有話照直說

不管上司持什麼態度，都要找一個合適場合，把道理向對方講明，讓他明白你內心真正的感受。

●以德報怨

能夠對上司以德報怨，才容易把事情辦好。

切記一點，無論自己當時心裡多不好受，都要用寬宏大量的態度將矛盾化解，便於日後與上司繼續良性溝通。

●無愧於心

如果矛盾的產生完全在於上司，而且對方夠明理，那麼也無須太擔心，等到氣頭過去後，上司多能主動釋出善意。

身為下屬，必須謹記一件事情：無論如何，都要讓自己保持冷靜，同時做好自己該做的事。認真負責，就是你與上司之間溝通的最有力憑藉，也是在職場生存最好的護身符。

何必管討厭鬼的媽媽嫁給誰？

只要你認為是正確的，那就放手去做吧！反正嘴巴長在別人臉上，你又何必管那些討厭鬼的媽媽嫁給誰呢？

　　中世紀文學大師但丁曾經勸喻世人：「走自己的路，讓別人去說吧！」

　　當你受到別人嘲笑時，通常都會怎麼反應呢？

　　別人的嘲笑只代表了那個人無知的見解，並不表示他的看法一定正確。別人的嘲笑只代表你不被人了解，並不表示你的行為真的有問題。

　　為人處世當然要以和為貴，但是遇到那些喜歡批評別人的討厭鬼，如果你真的嚥不下那口氣，就要懂得反唇相譏。

　　漆黑的夜裡，一個瞎子一手提著燈籠，一手拄著枴杖走在路上。突然間，有個人迎面走來。

　　他看見瞎子這個模樣，便停下腳步，以嘲笑的口氣說：「你不但眼睛瞎，還是個大傻瓜，難道你不知道對盲人來說，白天和黑夜根本就是一個樣？瞧你這樣子，簡直就是『瞎子點燈白費蠟』！哈哈哈……真是笑死我啦！」

　　瞎子沒有生氣，平靜地反問那人說：「你知道這個燈籠是給誰用的嗎？」

　　「這還用說嗎？」那人的口氣很不屑：「我看你是幫鬼照路吧，反正你自己又用不著點燈！」

　　「是啊，你說對了！」瞎子點點頭，接著反唇相譏：「我這個燈籠正是給鬼用的，尤其是你們這些冒失鬼！你想想，如果我手裡沒有提著燈籠把路照亮，剛才說不定就會被你這個冒失鬼撞倒在地呢！」

　　別人的嘲笑或許會影響你的情緒，但是不應該影響到你的意志。別人的嘲笑或許會令你難過，但是並不應該把你擊垮。

　　任何一個偉大夢想的起始，都曾經遭受世人嘲笑。例如英國工人史帝文生造火車，例如愛迪生異想天開地發明電燈。瞧，大多數人都認為不可能的事，不代表那就一定不可能成真啊！

　　別人的嘲笑，只是讓人更堅定自己的信念而已。只要你認為是正確的，只要你認為是你該做的，那就放手去做吧！反正嘴巴長在別人臉上，你又何必管那些討厭鬼的媽媽嫁給誰呢？

笑臉迎人，勝算更多好幾分

溝通之時如果少了微笑，言語將顯得黯然無味，倘若少了和氣，交流也無法進行下去。

在商場上，和氣方能生財。

想要健全溝通，首先應試著用笑臉去面對合作夥伴、對手，如此一來，即便處於不利地位，也能夠扭轉乾坤。

有人天生脾氣好，走到哪裡都能笑臉迎人，與人溝通、交往的過程中，多半能佔便宜。由此可以知道，學會笑臉迎人，是一種難得且富智慧的謀略。

漢初劉邦去世後，匈奴單于趁機欲侵吞漢朝疆土，還寫了一封十分欺侮人的信給呂后，信上說：「妳最近死了老公，我也正好死了老婆，不如妳就帶著江山來跟我過吧！」

可想而知，呂后看了這封極盡侮辱能事的信，恨不得宰了匈奴單于。但她到底是一個厲害的角色，冷靜衡量了利害關係後，採取了微笑外交，順水推舟地回信說：「我老了，只怕不能侍候大可汗。不過，我們宮中年輕貌美的人倒有。」並送了一名宮女和番，輕描淡寫地避過一場毀滅性災難。

當時，呂后要是負氣動武，結果可想而知。事實上，早在八

年前，劉邦便曾親率大軍征討匈奴，但一戰即敗，被困在山西定襄，差一點遭到活捉。劉邦尚且如此，更遑論呂后。

但硬的不行，軟的卻達到了目的。劉邦的戰爭策略失敗，呂后的微笑外交則確保了國家的平安。

以上例子說明，微笑外交是處於不利地位的弱者應採取的交際謀略，使人們得到喘息空間，能於隱忍中求發展。

至於在一般情形下，微笑外交的主要作用，則在於製造良好的生存發展環境與氣氛。用微笑去對待每一個人，你將發現溝通變得比想像更容易。

微笑，不花費什麼，卻能創造出許多奇蹟。它豐富了那些接受它的人，而又不使給予的人蒙受損失；它產生於一剎那間，卻讓人留下永久的記憶；它創造人際關係的和諧和快樂，建立人與人之間的好感，它是疲倦者的避風港、沮喪者的興奮劑、悲哀者的陽光。

任何人都有幽默感，認為自己不懂幽默的人，不過是把它深藏在無人知道的角落裡。跟別人在一起時，可以說說笑話，那樣有助於提升幽默感。

但是，說的笑話必須慎選，萬萬不可是低級的笑話，或是尋別人開心的惡作劇，否則很有可能達到反效果。

溝通之時如果少了微笑，言語將顯得黯然無味，倘若少了和氣，交流也無法進行下去。將微笑與和氣融於溝通當中，就等於為談話添加籌碼，為獲利種下希望的種子，產生極大幫助。

和傻瓜爭論，只顯得自己愚笨

 極力想證明自己不是傻瓜的人，益發擺明了自己就是一個如假包換的傻瓜。否則，又何需介意人家把他當成個傻瓜呢？

喜歡和傻瓜爭論的人，只會顯得自己和傻瓜一樣愚蠢，既把傻瓜的問題往自己身上攬，也會落得被人看輕的下場。

要讓一個人承認他笨，唯一的方法，就是讓他親眼見識自己的愚蠢，而不是浪費口舌和他爭論。

有兩個傻瓜非常想找人證明他們不是傻瓜。

只是，該找誰證明呢？

傻瓜甲提議找法官證明，因為法官的判決最公正了！

但是，傻瓜乙聽到這個提議，立刻反對說：「不能找他，上個月，我向法官控告我的鄰居在夢中打我，要求法官懲罰他們，誰知道，法官根本不接受我的訴訟，還很無理地把我轟出法院。我看，我們還是找鞋店老闆吧，他可是我們這個鎮上最聰明的人呢！」

「不不不，千萬不能找這傢伙。」傻瓜甲趕緊揮手反對說：「前幾天，我到他的鞋店去買兩只方向相同的鞋子，他說什麼也不肯賣，除非我一次買兩雙鞋。哼，我看這個人根本就是腦筋有問題，咱們還是找教堂裡的牧師吧，他說的話可都是真理！」

　　兩名傻瓜於是結伴去找牧師，請求牧師說：「大家都叫我們兩個傻瓜，這簡直是對我們最大的侮辱，因此，我們想聽聽您的意見，如果您真的認為我們是傻瓜，那麼您就當著我們的面直說，但若不是，就請您要求鎮上所有人都承認我們兩個是聰明人吧！」

　　牧師對這兩個傻瓜幹下的傻事早有耳聞，歪著頭想了想，偷偷命僕人在一個小盒子裡放了隻老鼠，然後，把小盒子交到兩名傻瓜手上，對他們說：「你們究竟傻不傻，不是我說了算，要由盒子裡頭的精靈說了才算。這樣吧，你們帶著精靈回家，和他相處一個禮拜。一個禮拜之後，再由精靈評判你們是不是傻瓜吧！要記著，這一個禮拜當中，你們千萬不能打開盒子，如果放跑了精靈，就證明你們兩個的確是不折不扣的傻瓜。」

　　兩個傻瓜帶著小盒子回到家裡後，完全抑制不住自己的好奇心。他們把家裡的門窗全部關上，然後戰戰兢兢地打開小盒子。

　　突然間，有個黑黑的東西從盒子裡跳出來，他們倆都還沒有把那東西看仔細，它就一溜煙地鑽進牆洞裡不見了。

　　兩個傻瓜你看我，我看你，誰也無話可說。最後，他們只好無奈地嘆道：「我看我們還是繼續當傻瓜吧，誰叫咱們倆把裁判放跑了呀！」

　　真正聰明的人，不會介意當個傻瓜。因為他知道學海無涯，自己不知道的事情永遠比知道的更多，所以不會鬧笑話。

　　反倒是極力想證明自己不是傻瓜的人，益發擺明了自己就是一個如假包換的傻瓜。否則，又何須介意人家把他當成個傻瓜呢？

　　經常喜歡和別人爭辯道理，試圖說服對方的，往往也是個傻瓜。因為，如果認為對方比你聰明，那你應該聽從他的道理才是；

如果認為對方不如你，又怎麼會以為他聽得進你說的話呢？

　　和傻瓜講道理的人，其實才是最傻的。

　　所以，遇上傻瓜時，應該學學牧師的做法。

　　不要試圖改變對方的想法，也不要評斷對方的行為，只需要找個機會讓他們見識到自己的愚蠢，這不就已經說明了他的問題，也解決了自己的問題了嗎？

無法說「不」就是最有力的說服

 既然要說服一個人，就要讓他從開始便無法反
對，這是談判桌上最要緊的事。

　　你應該聽過蘇格拉底的大名，卻未必知道他其實也是個高明
的談判者。

　　古希臘哲學家蘇格拉底以論辯見長，創立的問答法至今還被
世人公認為「最聰明的勸誘法」，原則如下：與人談判時，不要
在一開始便討論分歧的觀點，以免對方產生心理上的反感。應著
重強調彼此共同的觀點，等到雙方觀點取得基本共識後，再自然
地轉向自己的主張。

　　簡單歸納蘇格拉底勸誘法的做法和特點，就在於開之時便要
讓對方連連說「是」，一定不要讓對方說「不」。

　　某電器公司的營銷主管艾里森曾有如下經歷。

　　一次，他前往拜訪一家公司，企圖推銷一批新型電動機，沒
想到抵達之後，對方的總工程師劈頭就說：「艾里森，你還指望
我們會買你的電動機嗎？」

　　經過詢問，艾里森得知這家公司之所以表示不滿，是因為認
為他們生產的電動機發熱超過正常標準，品質大有問題。

　　他很清楚與對方總工程師強行爭辯沒有任何好處，腦筋一

轉，決定採取蘇格拉底勸誘法進行說服。他刻意詢問總工程師：
「先生，我能理解你的想法，也相當贊同。假如電動機發熱超過
標準，非但不可能再買新的進來，還會希望連舊的也退回給原廠
商，是吧？」

「是的。」

「當然，電動機在運轉過程中一定會發熱，但沒有人希望它
的熱度超過規定的標準，是不是？」

「這當然。」總工程師又一次表示贊同。

衡量著已到時機，艾里森決定開始討論具體問題。

他問道：「按標準，電動機的溫度可以比室溫高出華氏七十
二度，是吧？」

「是的，但你們的產品溫度卻比這高得多，根本不能用手去
摸。你說，這難道合乎標準嗎？」

由於掌握了足夠的事實，艾里森也不與他爭辯，只反問：
「你們工廠車間的溫度多高呢？」

總工程師回答：「大約是華氏七十五度。」

艾里森一聽，興奮地拍著對方的肩膀說：「好極了！車間溫
度是華氏七十五度，加上電動機應高出的華氏七十二度，約為華
氏一百四十度左右。想想，若是把手放進華氏一百四十度的熱水
裡，難道不會被燙傷？」

總工程師一聽，頓時愣在當場，無法再反駁。

艾里森接著說：「請您放心，高溫完全屬於正常現象，以後
請千萬不要再用手去摸電動機了。」

談判至此結束，艾里森不僅成功說服對方，消除對產品的不
正確偏見，還接著又談成一筆生意。

　　艾里森的致勝關鍵，就在於一開始所問的問題，都是談判對手所贊同的，憑藉一系列機智而巧妙的發問，獲得許多答案為「是」的正面反應。

　　一旦開始說「是」，便會使整個談判情勢趨向於正面、肯定，並且使參與雙方的心理需要得到滿足，於輕鬆、和諧氣氛下繼續談判的進行。

　　相反的，說「不」字容易造成情緒對立，致使談判氣氛緊張。正如一位談判專家所說：「『不』字造成的反應是談判最難克服的障礙。一個人說『不』之後，即便馬上覺得自己錯了，自尊心也絕不允許他改變，只能一味堅持下去，導致氣氛越來越僵。」

　　透過以上經驗與事例，可以知道，既然要說服一個人，就要讓他從開始便無法反對，這是談判桌上最要緊的事。

Chapter 10

懂幽默，

沒有難關不能過

在工作中恰如其分地運用幽默的語言與他人溝通，

那麼還有什麼問題不能迎刃而解呢？

靠技巧讓上司採納建議

> 向上司貢獻意見的最好方法是避免他人在場，悄悄將自己的意見或建議「移植」到他的心中。

一般上班族，如果有好的建議和計劃，通常會興沖沖地想要貢獻給上司。

但是，在獻策的時候，往往會遇到以下情況——經過自己潛心研究、周密的思考，且確信是極為合理的計劃和建議，卻未受應有的重視，甚至遭到拒絕，讓人感到非常苦惱。

在這種狀況下，最容易和上司發生口角衝突，相互批鬥之際口出惡言。如此一來，上司更加不可能採納你的建議。

如何讓上司採納自己的意見？如果沒有一個知人善用的上司，往往會讓自己覺得不得其門而入。

讓我們來看看美國第二十八任總統伍德羅‧威爾遜的助理豪斯，是如何讓上司採納自己的建議。

威爾遜總統有才能但自負，對別人的意見往往瞧不起，不是不採納就是根本不理睬，這使許多在他身邊工作的人都感到挫敗，覺得任何新的意見都被他毫不留情地拒之門外。

唯獨一個人例外，就是威爾遜的助理豪斯。

豪斯與總統工作時有一件事讓他領略到，要向這位總統貢獻

意見的最好方法是避免他人在場，悄悄將自己的意見或建議「移植」到總統的心中。

一開始使總統不知不覺地感興趣，然後，設法使這意見或建議變為總統的「創意」公諸於眾。

原來，有一次，威爾遜總統單獨召見了豪斯。明知總統不容易接納別人的建議，但他還是盡己所能，清楚明瞭地陳述了一項政治方案。

這個建議經過苦心研究所得，而且相當切實可行，所以豪斯在陳述時理直氣壯。然而他的理直氣壯並未打動總統的心，得到的是與其他同事一樣的命運。

威爾遜聽完後，當即表示：「這樣吧！當我願意再聽一次廢話的時候，我會再請你光臨。」

但數天之後的一次宴會上，豪斯很吃驚地聽到，威爾遜總統正在把他數天前的建議作為自己的見解公開發表。

善於觀察的豪斯，便由此得出向自負的威爾遜總統貢獻意見或建議，並得到採納的最好辦法，他稱之為「種子移植法」。

他說：「我不願意說那些計劃是我的。我的計劃充其量只是一顆樹種，要長成大樹，必須要有土壤、水分、空氣和陽光，只有總統才有這些條件，把樹種變成大樹。公平地說，我只不過把種子移植到總統的心中。」

在威爾遜執政期間，豪斯都採用這種簡單有效的「種子移植」策略，並普遍得到了採納。

例如，一九一四年春季，豪斯奉命趕赴法國進行外交接洽。

臨行之前，他將自己的計劃向威爾遜總統做了報告，原則上得到了總統的同意，但是，總統的態度相當謹慎，距離被正式批

准尙遙遙無期。

豪斯抵達巴黎後不久，就寄回他和法國外長的談話記錄。

在談話中，豪斯將自己想的計劃說成「總統的創見」，並得到法國外長的熱烈讚揚。結果正如豪斯所料，看完記錄，威爾遜總統毫不猶豫地批准。

計劃的實施對兩個國家都帶來了巨大的利益，豪斯爲自己發揮的作用由衷感到高興，同時威爾遜總統也更加欣賞豪斯，對他更加器重。

這就是豪斯的「種子移植」效應。

如何才能牽著上司的鼻子走？

仔細觀察揣摩上司的心理，以有效的方法讓上司採納並實施自己的建議，不僅能打好與上司的人際關係，也可以為團體做出很大的貢獻。

華西里也夫斯基曾一度當上蘇聯第二次世界大戰大本營的總參謀長。

在第二次世界大戰中，蘇聯最高領導人的史達林由於過度強調自我，難以接受別人的意見。

「唯我獨尊」的個性，使他不允許世界上有人比自己更高明。

但是，他卻在不知不覺中，採納了華西里也夫斯基提出的正確計劃，進而發揮傑出的作用。

在史達林的辦公室裡與史達林的「閒聊」當中，華西里也夫斯基往往「不經意」地「隨便」談到軍事問題，既不慎重其事，也不頭頭是道。

奇妙之處就在這裡，華西里也夫斯基剛走，史達林便會想出一個好的計劃，而且不久便在會議上發表。

大家都驚訝史達林的「深謀遠慮」，紛紛稱讚，史達林自然十分高興。

華西里也夫斯基則和大家一樣表現出驚奇，好像從來沒有聽說過這個計劃，並且和眾人一起表示折服。

在軍事會議上進言，華西里也夫斯基表達的方法更讓人啼笑皆非。

因為華西里也夫斯基的座位通常很靠近史達林，所以他在講話時，不但口齒不清，用詞不當，前後無條理，連聲音也不清晰，好像只小聲說給史達林一個人聽似的。

而且他總是先講幾項正確的意見，之後再畫蛇添足地講幾項錯誤的意見。在講正確意見時，他的聲音細小如蚊，只有史達林聽得見；講到錯誤的意見，卻條理清楚、聲音洪亮且振振有詞，讓錯誤意見的荒謬性昭然若揭。

等到史達林定奪時，當然是先毫不留情地批評他的錯誤意見，往往是痛快淋漓。接著，史達林再逐條逐句、清楚明白地闡述自己的決策，這決策實際上正是華西里也夫斯基那段含糊不清的幾點正確意見。

就這樣，「受虐狂」華西里也夫斯基每次被痛斥一頓之後，意見就成功移植到了史達林心裡，變成了史達林的意見，並且付諸實施。

從華西里也夫斯基的妙招中，我們不難看出他懂得在不計個人得失的前提之下，仔細觀察揣摩上司的心理，以有效的方法讓上司採納並實施自己的建議，不僅能打好與上司的人際關係，也可以為團體做出很大的貢獻。

懂幽默，沒有難關不能過

 在工作中恰如其分地運用幽默的語言與他人溝通，那麼還有什麼問題不能迎刃而解呢？

　　如果想將協調工作做好，在社交中如魚得水，就必須善用好的談吐及得當的幽默。它們宛如潤滑劑，使社交暢通無阻。

　　一板一眼的人在他人的眼中毫無魅力可言，幽默可以讓人擁有更多朋友，使事業如同行雲流水般舒展。

　　英國演說家迪克‧史密西斯，有一回企圖說服電力供應業的董事長們聯合起來，成立更大、更有效率的部門。

　　他事先已經知道與會者對此不屑一顧，所以一開始便說：「今天在黎明前，我離開威靈頓的家。到達機場時四周仍一片漆黑，機場上竟沒有其他旅客。驗過票後我進入走廊，此時我感到迷惑，因為我看不到其他旅客。登上手扶梯，走進空蕩蕩的機艙裡坐了下來，我開始感到奇怪，是不是哪裡出了差錯？」

　　「不一會兒，一位空中小姐出現。『旅客們都在哪兒？』我問道。她聳了聳肩說：『全在這兒了。』於是我孤零零地坐在那兒，暗自想道：『我知道我不受歡迎，但也不至於這樣……』」

　　董事長們一下子被這段引言逗笑了。接著，他又就自己不受歡迎這件事大作文章，直到聽眾無拘無束地鬆懈下來。

很顯然，剛才的一番話他消除了聽眾的反抗心理。

名作家吉卜林在向英國一個政治團體發表演講時，竟引得全場聽眾捧腹大笑，他說：「各位女士先生們，我年輕時曾在印度當記者，專門替一家報社報導犯罪新聞。這是很有趣的一項工作，因為它讓我認識了一些騙子、詐騙犯、謀殺犯以及一些極有進取心的正人君子。」

「有時候，我報導了他們被審的經過之後，會去監獄看看這些正在服刑的老朋友。我記得有一個人因為謀殺而被判無期徒刑，他是位聰明、說話溫和有條理的人，他告訴我一段『生活的教訓』，他說：『以我本人作例子：一個人一旦做了不誠實的事就難以自拔，一件接著一件不誠實的事一直做下去。直到最後，他會發現，必須將某人除掉才能使自己恢復正直。』唉！目前的內閣正是這種情況。」

這番話讓聽眾們大笑起來。

吉卜林玩笑性地圍繞著準備進入的政治話題，渲染一些近乎怪誕的趣事，藉此進一步建立起自己的溝通點。

如果能夠在工作中恰如其分地運用幽默的語言與他人溝通，達成共識，那麼還有什麼問題不能迎刃而解呢？

以上的故事，就是最好的明證。

做人圓融，就能八面玲瓏

 世上沒有搞不定的上司，差別只在於做人夠不夠高明圓融而已。一旦懂得應付之道，做起事情來絕對無往不利。

　　懂得站在對方的角度，把話說得恰到好處，就能左右逢源。相反的，要是既不關心說話對象，又不懂說話的藝術，便註定處處屈居下風。

　　假使你的上司最愛別人給他戴高帽，一聽到讚美之詞就眉開眼笑，什麼事都好辦，眼見許多同事都因為精於此道，一個個升職的升職，加薪的加薪，討厭阿諛奉承的你或許會覺得滿腹委屈。

　　其實，如果能換個角度想，讚賞別人並不見得是一件困難的事，也不一定是虛偽的，重點是要依據事實，而非憑空吹捧。

　　每個人都有自己的長處和短處，只要你懂得「隱惡揚善」，加一些善意，用詞稍稍誇張一點就可以了，這樣一來既不違背你的良心，又能讓對方高興，何樂而不為呢？

　　最簡單的，就是經常留意上司的言行舉動，甚至衣著打扮，只要有一點點是你覺得合意的，就抓緊機會，大方表示心中的好感。只要記住說話時不要矯揉造作，一切就會顯得自然多了。

　　不過有些時候，上司其實不是不好，只是因為太過優柔寡斷，經常朝令夕改，因而讓人辦起事來不知所措。由於他的地位比你高，你似乎也不能當面批評他什麼。

但是，當你自覺無法長久忍氣吞聲時，不妨在適當時候做出某些反應吧！

例如，遵照上司指示，迅速擬妥一份計劃書，呈上去時，如果對方力指計劃書有所不足，你可以試著委婉反問：「一切都是按您的意思做，您覺得還有什麼地方要改進的嗎？」

多數上司心目中最理想的下屬，往往是願意自動早到遲退，當然，如果工作果真忙得不得了，犧牲一下私人時間是值得的，正所謂一分耕耘一分收穫。然而如果上司無理要求你超時工作，你就該表明態度，別讓他得寸進尺。

要是遇上魯莽的上司，你多半得跟在他後頭收拾殘局，切忌斥責或企圖教化他，更不可越級向他的上司投訴。不過，也不必特意為他隱瞞事實就是了。

有些上司十分固執，又沒耐性，不能容忍別人的錯誤。從某種程度上來看，從這類人身上，可以學習到怎樣迅速達到目標，並乾淨俐落地處理難題，對你未嘗不是一件好事。一旦能達到他的嚴格要求，那麼升遷絕對不是問題。

簡言之，世上沒有搞不定的上司，差別只在於，你究竟懂不懂得方法、做人夠不夠高明圓融而已。

一旦可以輕鬆應付各種難纏的對象，那麼做起事情來，絕對是輕鬆而又無往不利的。

冷靜有助於化解歧異

讓自己永遠保持冷靜、寬容和坦誠的態度。因為只有壓抑住自己的怒火，才能令對方的憤怒消解。

相信別人，也是一種坦誠的表現。

作為管理人員，待人必須坦誠。在工作中，無論是上級、同事，還是部屬，都應該一視同仁，彼此坦誠相見。

事實上，工作中的許多抱怨和不滿，都是因為某些誤解和猜疑造成的，如果不能彼此敞開心扉，相互諒解，就很容易造成積怨，甚至發生一些不該發生的事，蒙受不必要的損失。

作為管理人員，排難解紛是職責之一，但要如何才能公正地處理呢？

遭遇問題，切記先將情況徹底釐清，哪些屬於公事？哪些屬於私事？是與整家公司有關，還是只與自己負責的部門有關？從各個方面了解事情的實際情況。比如，時間、地點，以及以前是否曾經發生過類似的事情，當時如何解決？結果如何？是否造成任何後遺症？

了解之後，再寫下自己認為可行的解決方法。參考以往的類似個案或公司的處理模式，仔細考慮每一種方法的可行性。不要忽略任何一個從腦海掠過的方案，但要客觀，切忌先入為主。把每項方法的好與壞兩方面情況都加以蒐集、比較，更有利於做出

全面的了解。

有些管理人員，面對脾氣火爆的部屬，常有不知所措的感覺。知道不能姑息，卻又難以控制對方。

當此人犯了錯誤，作為上司的自然必須予以批評糾正。一般人被批評時都會憤怒，這是一種保護自己的自然行為，所以聰明的上司要做的是壓抑怒火，令他真正面對自己的錯處。

不妨坦誠地說：「我了解你是個成熟的人，不會因為我的批評而怒不可遏，而是理智的就事論事，對吧？」

再提醒對方，雖然對他此次的任務不滿意，但並不等於不肯再給他發揮的機會，重要的是只要他有進步的表現。

若是對方依然怒目而視，那麼不妨先休息一會，等會兒再繼續談。或者，說服他平靜下來，然後再慢慢剖析這件事，並清楚告訴他，憤怒只會讓其他人也受到影響，沒有任何好處。

不過，最重要的，還是自己本身千萬不可因受到刺激而大發脾氣，只有壓抑住怒火，才能令對方的憤怒消解。

保持冷靜、寬容和坦誠態度，是圓融人際關係的前提。

比如，客戶向你投訴某位部屬十分無禮又欠缺責任感，讓他難以忍受。

這時，身為上司，首先要做的是立即替部屬向這位客戶道歉：「對不起，他可能只是無心的，平日他的表現不是這樣。我保證以後不會再有同樣的事情發生，請多多包涵。」

既然下屬做事不力，上司就必須負一定的責任。將客戶的怒火平息，不等於事情結束，必須進一步和部屬溝通。

立刻找部屬來責備一番，也許可以消自己的怒氣，但未必會有好的效果，這樣做是最不明智的。

應該先靜下心情，對事情進行了解：這位部屬平日待人是否

也是一派傲氣？處事是否馬馬虎虎？如果是否定的，那麼有兩個可能性，一是客戶本身咄咄逼人，二是部屬偶爾情緒不好，導致態度不佳。

這時，要以坦誠的態度開門見山地提醒這位部屬，以後要注意自己的情緒起伏，不要影響工作，否則將會得不償失。

但如果客戶反應的是事實，那麼就必須找部屬誠懇地談一談，直接轉告客戶的意見，並予以訓誡。

斥責的前提是帶著誠意，就事論事，避免把事情擴大。再怎麼說，與部屬談話的目的是要解決問題，並非製造更多麻煩。

畢竟，做人保持圓融，做事才會輕鬆。

與其數落，不如「壞話好說」

學著「壞話好說」，圓融人際關係，是下屬必修的一堂課。除了平時在工作上協助上司之外，適地阻止上司犯錯，也是應盡的職責。

想與上司保持好的關係，首先要摸清他的性情。

生活在激烈競爭的時代，應謹慎行事，作為別人的下屬，更應該了解上司的性格特點及為人處事的方式，如此才能夠協調雙方的關係。

只要細心、認真地觀察分析，一定可以很快發現上司的特點，採取相應的措施來應對，好好地相處，更有效地做好工作。

以下簡略地介紹幾種常見的上司特徵：

● 極權型的上司

這類型的上司，除了對於下屬的工作一一過問，甚至連私事也不放過。任何事都想插手，可以說將你當成他的私人財產，這不准，那不准，不准跟其他部門的同事來往，不准閒暇時間和同事閒聊，意見極多。

對於這樣的上司，首先要堅持自己的原則，完成工作以後的時間應該完全由自己支配；平時和同事交往要以不影響工作為標準。高明的做法，是和同事們一起爭取適度的自由和主動權。

如果上司問及，可以據實相告，姿態閃躲、言詞閃爍、反而

會讓上司誤以為你做了什麼壞事，更加起疑。

坦誠相待才能好好相處，切忌在上司背後說三道四，以免留下後遺症。

• **自身不正的上司**

有些上司律己不嚴，還牽連下屬，例如上司不鎮守崗位，致使一些文件未能及時批閱，背黑鍋的往往是下屬。

遇到這類上司，不論用何種方式，如何「建言」都對己不利，所以最好儘量詳細地記錄上司不在時發生的事和找他的電話，等他出現立刻逐一報告，讓他立刻著手進行工作，以免延誤。

• **公私不分的上司**

這類上司比較多，他們往往喜歡玩弄手中的職權，讓下屬幫忙做私事。

對於這類上司，最好是在不影響前途的前提下，婉轉拒絕。一而再，再而三，久了他便會知難而退。

• **完美主義型的上司**

雖然追求完美是人的天性，但若遇到性格刁鑽的上司，一定要注重小細節，做事保持認真謹慎，儘量避免犯錯。

此外，應盡可能讓上司信任。一旦對你產生了信賴感，這類上司就不會把芝麻小事放在心上。

下面就是一個很好的例子：

戰國時，齊景公的馬夫養死了馬，景公大怒，想殺了馬夫洩恨。晏子立刻阻擋說：「這樣他死了也不知罪，先讓我把他罪在何處告訴他，讓他死得心服口服。」景公答應了。

晏子開始數落馬夫道：「你為陛下養馬卻失職，死罪一！你使陛下因馬而殺人，死罪二！你使陛下因馬殺人的名聲傳遍天

下，死罪三！」

景公頓悟，馬上阻止：「快放了他，不能因他而壞了我的仁德之名。」

晏子說的話都是反語，得到結果當然完全相反。表面上闡述馬夫殺馬之罪，實際上是為馬夫開脫罪責，使齊景公心中有愧，從善如流。

機智的晏子從反面說明了此事如此處理的嚴重後果，使景公恍然大悟，既不失顏面，又救了馬夫一命，可謂一箭雙雕，這番表現，自然讓景公日後對他更是信任有加。

學著「壞話好說」，圓融人際關係，是下屬必修的一堂課。除了平時在工作上協助上司之外，適地阻止上司犯錯，也是應盡的職責。

寬以待人，處世更平穩

謹記「寬以待人」的處世原則，和諧的人際關
係和高超的處理能力能幫祝你早日成為一個成
功的工作者。

　　管理階層如果明瞭「糖衣有助於嚥下一口苦藥」這句話中，
「糖衣」可能扮演的作用，就會懂得讓部屬保住面子，是多麼重
要的管理方法。除此之外，還可以用鼓勵代替斥責，這會使你成
為一個人際關係圓融穩健的管理高手。

　　批評別人之前，如果能反省一下自己的缺點和過失，就能讓
提出的批評更易於為人接受。

　　正如卡內基所說：「如果批評者在開始的時候，謙卑地承認
自己並非沒有缺點，那麼他的批評將不那麼逆耳。」

　　比如，當一個好部屬變成了一個不夠好的部屬時，你會怎麼
做？你當然可以解雇他，但這並不能解決任何問題；你也可以大
加責罵，但這常常只會引起怨恨。

　　漢森是一家卡車經銷公司的服務經理，他的手下有一個工
人，工作品質每況愈下，情況很糟。

　　漢森沒有對他怒吼或威脅，而是把他叫到辦公室裡，坦誠對
談。他說：「你原本是個很棒的技術人才，在這條線上已經工作
了好幾年，你修的車子也都令顧客很滿意，有很多人都稱讚你的

技術很好。」

漢森又說：「可是最近你完成一件工作需要的時間加長了，而且品質也比不上以往水準。你以前真是個傑出的技工，我想你一定知道，我對現在這種情況不太滿意。也許我們可以一起想辦法，改正這個問題。」

對方回答他並不知道自己沒有盡好職責，並且向上司保證他所接的工作並未超出自己的能力之外，他以後一定會改進。

那麼，事後他做到了沒有？可以肯定，他做到了。他曾經是一個優秀的技工，為了經理給予的讚賞，怎麼會做得不如過去？

當然，我們在圓融待人的同時，還要精進溝通技巧，如此不僅可以換得員工的忠誠，也可讓事情圓滿解決。

作為管理人員，應該在坦誠待人和處事的同時也注意其他方面，諸如從實際出發，實事求是，不以己好為標準⋯⋯等等，以策略性的手段靈活運用，圓融人際，處理好每一項工作。

在日常工作和生活上，每個人都有自己的方法和個性特點。對別人的短處應避免挖苦，也不要以嚴厲的態度對待他人，以免遭到怨恨。

要避免無益的煩惱困擾，關鍵在於寬以待人，處理好同事之間的關係。

謹記「寬以待人」的處世原則，對自己的工作將會大有幫助。和諧的人際關係和高超的處理能力，足以幫祝你更上一層樓成為一個成功的工作者。

用坦誠化解紛爭

 凡事想開點，不然光是一點小事就足以讓我們整天生活在憤慨和憂鬱之中，那樣會活得很累。

　　在這個社會上，總有許多人和事等著我們去經歷、去感受，如果事事都能夠以誠對待，將能活得更加積極快樂。

　　在現代社會中，激烈的競爭使人們受到越來越多來自各方的壓力，我們時常會聽到有意無意的消極抱怨以及牢騷。

　　比如，有的人喜歡道聽塗說，講話不負責任，甚至挑撥離間，在這個人的面前說那個人的不是，又在那人的面前說這個人的不是；有的人總以為自己滿腹經綸卻得不到施展，因英雄無用武之地大罵上司有眼無珠；也有人常常為了達到某些見不得人的目的不擇手段，不惜一切地詆毀別人。

　　這類事情讓人傷透腦筋，既嚴重影響人際關係，更影響企業的生產經營。來自精神上的損耗，嚴重地影響了企業的正常發展和個人表現。

　　如果我們能坦誠地對待身邊的每一個人，坦誠地對待生活和工作中的每一件事，從中維繫輕鬆的心情、人際關係的和諧，與人互動之間的諒解和關心，這樣的環境下，工作起來自然心情舒暢，即使任務繁重也不會有太多的怨言。工作效率有效提升，企業的效益也就會相應提高。

也許有人不贊成「坦誠就有好運」，認為說法太過於荒謬，但這的確是不爭的事實。

以坦誠的態度待人處世，生活將會充滿更多感動。然而，若是過於輕易相信人，也易使自己陷入人性醜陋的陷阱裡。

阿榮的經歷，可供我們作為參考借鑑：

「那天傍晚路過市場，我被一個以前的鄰居叫住。他在附近賣水果，只見他指著面前的兩串葡萄對我說：『阿榮，這兩串葡萄挺新鮮的，要收攤了，只收你一百元怎麼樣？』」

「回到家，我忍不住向老婆炫耀起來。老婆見我說得那麼好，就拿起來檢驗，想不到放在磅秤上一秤，只有兩斤整，照市面上的價格只值六十元。也就是說，他騙了我。」

「我幾乎要跳起來去找他理論，只感覺受到傷害的怨恨、不滿和痛苦在胸口翻騰。上當受騙的感覺很不好受，我想今晚要失眠了。」

「坐下來後，喝一杯茶，這時想起騙我的這個人已經失業很久了，也許是因為生活的壓力太大，才做出欺騙的勾當。想到這裡，我的氣漸漸消了。臨睡之前我還在想著這件事，但已經很冷靜了。」

「也許那個熟人壓根兒就不知道那串葡萄到底有多重，他估計約有四、五斤重，沒想到其實只有兩斤重，所以才讓我有受騙的感覺。不小心弄錯也是常常發生的事，不是嗎？躺在床上，我不再想這件事了，結果睡了個好覺。一覺醒來，我精力充沛，感覺很快樂。」

最好像阿榮一樣，凡事想開點，不然光是一點小事，就足以

讓我們整天生活在憤慨和憂鬱之中，那樣會活得很累。

做一個比較容易相信別人的人，得到的經驗與教訓也會比一般人更多，輕信別人也不盡然全是壞事。

因為輕信，使人的性格不過於封閉，可以充分表現自己的真誠，在茫茫的人海中與許多重感情的人結成知己，打好人際關係，讓做事順利。

因為輕信，使人不必處處設防，不需時時警惕，不必眼觀四面耳聽八方。這樣就會覺得活得輕鬆自然，感到更加舒緩。

Chapter 11

面對打擊，
要優雅反擊

不管面對什麼樣的人，

柔中帶剛又不失風度的應對方式都是最好的回應，

不只能展現氣度，也能給予有效的反擊。

要聰明，不要被聰明所誤

無論對任何人、任何事，開口說話之前，千萬記得提醒自己：要比別人聰明，但不要告訴人家你比他更聰明。

伶牙俐齒並不算真正會說話，所謂的說話高手，必定還具備一種能力——以言語激勵、成就他人之美。

法國哲學家羅西法有句名言說：「如果你想要得到仇人，就表現得比你的朋友更優越吧！」

為什麼這句話是事實？因為當朋友表現得比我們優越時，他們會產生一種自己是重要人物的感覺，但是當我們表現得比較優越時，他們就會產生一種自卑感，導致嫉妒情緒。

讓我們來看看接下來的這則故事：

某段時間，美國紐約市中區人事局最得人緣的工作介紹顧問是亨麗塔，但她並非一開始就擁有極好的人緣，甚至初到人事局的頭幾個月，在同儕間連一個朋友都沒有。你必定感到疑惑，這是為什麼呢？

因為每天她都在使勁吹噓自己的工作成績、新開的戶頭裡的存款數字，以及她所做的每一件事情。

「我工作做得不錯，並且深以為傲。」亨麗塔對成功大師拿破崙‧希爾說：「但是，我的同事不但不分享我的成就，還表現

得極不高興。我感到很難過，因為自己是如此渴望這些人能夠喜歡我，希望與他們成為好朋友。」

「在聽了你提出來的建議後，我開始少談自己，多聽同事說話。我發現他們其實也有很多事情渴望吹噓、分享，且因為我願意聆聽而感到興奮不已。現在，每回有時間在一起閒聊，我都會讓他們把歡樂告訴我，只在他們問我的時候，才稍微說一下自己的成就。」

想要在人際相處中左右逢源，首先得培養出聆聽的態度和雅量，再來，要提醒自己：不要在言語上表現得太「聰明」，尤其當對方犯錯時。

切記，無論採取什麼樣的方式指出別人的錯誤，一個蔑視的眼神，一種不滿的腔調，一個不耐煩的手勢，都有可能帶來難堪的後果。

你以為對方會心悅誠服地同意你所指出的錯誤嗎？

絕對不會！因為你否定了他的智慧和判斷力，打擊了他的榮譽感和自尊心，同時還傷害了他的感情。他非但不會改變自己的看法，還會想要狠狠地展開反擊，這時，無論你再搬出多好聽的言詞彌補，可能都無濟於事。

永遠不要說這樣的話：「看著吧！你會知道誰對誰錯的。」因為這等於在說：「我比你更聰明、更優秀。」實際上，等同於一種挑戰。

在你還沒有開始證明對錯之前，對方已經被激怒並準備迎戰了，這對解決問題有什麼幫助？為什麼要為自己增加困難呢？

某位年輕的律師，參加了一個案子的辯論，因為案子本身牽

涉到大筆資金，可說相當重大。辯論過程中，最高法院的一位法官突然對這位年輕律師說：「海事法追訴期限是六年，對嗎？」他當即愣了一下，接著轉頭以驚訝的眼光直視法官，率直地說：「不！庭長，海事法沒有追訴期限。」

後來再回顧，這位律師說：「當時，法庭內立刻靜默下來，似乎連溫度都降到了冰點。雖然我是對的，也如實地指了出來，法官卻沒有因此而高興或欣慰，反而臉色鐵青，令人生畏。」

「為什麼呢？答案顯而易見，儘管事實站在我這邊，我卻因為不會說話而鑄成一個大錯，居然當眾指出一位聲望卓著、學識豐富的人的錯誤。」

是的，這位律師確實犯了一個「比別人正確」的錯誤。在指出別人錯誤的時候，我們必須把話說得更高明一些。無論對任何人、任何事，開口說話之前，千萬記得提醒自己：要比別人聰明，但不要告訴人家你比他更聰明。

對自己的成就輕描淡寫，抱持謙虛態度，必定最受歡迎。

罵人之後要懂得如何安撫

羅斯福不僅會罵人，罵人之後更懂得如何安撫人。這種技巧可以使雙方瀕臨破裂的關係，順利地在玩笑中重獲肯定。

　　道歉，是一門值得鑽研的說話藝術。

　　衷心道歉不但可以彌補破裂的關係，還可以增進感情。當他人對自己表示出誠摯的歉意，誰能不感動？

　　原諒別人的錯誤能清除心中的怨恨情感，寬恕不僅僅是美德，更對健康、對情緒都大有好處。

　　真正的道歉不只是認錯，也等於承認自己的言行破壞了彼此的關係，而這關係的重要性非同小可，所以希望能重歸於好。

　　美國總統羅斯福相當善於處理和新聞記者的應對進退，一回，《紐約時報》派記者貝賴爾駐白宮，按照慣例，白宮新聞秘書引他來謁見總統，說：「總統先生，您是否認識《紐約時報》的菲力克斯・貝賴爾？」

　　只聽見一個渾厚有力、充滿自信的嗓音傳來：「不認識，我想我還沒得到那份快樂。不過，我讀過他的東西。」

　　這說句話確實說得非常好，「我讀過他的東西」，對一名記者，絕對是極大的肯定。毫無疑問，透過短短一句話，羅斯福巧

妙地在彼此初次見面時創造了良好的氣氛。

　　但在某些時候，羅斯福也會不留情面地罵人，幸而他懂得補救，用言語彌補裂痕，重新建立關係。

　　一次，羅斯福在記者招待會上進行長篇演講，措辭激烈，貝賴爾卻在底下打起了瞌睡。只見羅斯福突然停下來，大聲吼道：「貝賴爾，我才不在乎你代表哪家報紙，但既然在這兒，你就得做筆記！」

　　不難想見，對貝賴爾來說，美國總統對自己大吼大叫，使他難受得簡直想找個地洞鑽下去，或是衝上講台把羅斯福揪下來，但他什麼也不能做，只能非常難堪地忍耐著。

　　衝突歸衝突，招待會結束之後，羅斯福仍然如慣例般和記者一同談笑，簡短地交換意見，相互之間毫無拘束地閒聊，氣氛極為融洽。他甚至突發奇想為記者取綽號，說貝賴爾應該叫「魯漢」，因為像《紐約時報》那樣嚴肅的報紙，內部應該要有一個叫「魯漢」的人。

　　羅斯福不僅會罵人，罵人之後更懂得如何安撫人。這種技巧可以使雙方瀕臨破裂的關係，順利地在玩笑中重獲肯定。

　　作家卡莉曾經：「想要罵人並不困難，但是想讓被你罵的人，在被你罵之後，還對你頻頻感謝，就不是一件簡單的事。」

　　的確，最高明的罵人方式，就是當你迎頭痛罵對方之後，對方非但不會跟你翻臉對罵，還對你感謝在心。重點就在於，當你指著別人的鼻子痛罵之前，是否懂得先站在別人的立場著想，以及是否懂得先幫對方預留一個下台階。如此，即使對方被你罵得狗血淋頭，也會認為你是為了他好，才不得不開口罵人。

高明的道歉技巧

 察覺到自己罵人罵得太過分，若決定道歉，就該馬上去做，因為時間的長短與道歉的效果成反比，越早設法彌補，成效越好。

有一回，美國總統羅斯福在記者招待會上斥責一名記者，但他馬上察覺到自己把話說得太重。事後，記者主動表示歉意，說自己前晚不該玩牌到凌晨四點，以致今天精神不佳。

想不到羅斯福卻說，撲克牌真是有趣的好玩意，自己已經好長時間沒和朋友一起玩了，實在懷念得很，且馬上要求秘書去張羅一頓自助晚餐兼牌局。

放眼世界各國，很少有政府官員能和媒體記者建立起良好的互動關係，羅斯福可說是其中的佼佼者。

看完以上事例，相信你必定會同意，他具備了相當高明的說話技巧。

羅斯福能訓人，也能反省自己是否做得太過分，並真誠、主動地表示歉意。這提醒了我們：該道歉的時候，為何不能坦然低頭認錯？高明的言語技巧加上誠懇友善的態度，絕對是讓你在任何環境都無往不利的關鍵。

當然，當我們道歉時，也可能會碰上對方不原諒、碰了釘子下不了台的窘況，這時候，該用什麼樣的態度應對？

首要應認清一點，既然是自己錯了，對方會生氣當然合情合

理，苦果還是由自己吞下爲好。

其次，應該藉積極的分析找出原因，也許是因爲自己道歉的方式、場合等不太恰當，導致了不理想的情況。

道歉並非恥辱，而是真摯誠懇且富教養的表現。

道歉是值得尊敬的事，不必奴顏卑膝。要告訴自己：想糾正錯誤是堂堂正正的事，何羞之有？

察覺到自己罵人罵得太過分，若決定道歉，就該馬上去做，因爲時間的長短與道歉的效果成反比，越早設法彌補，成效越好。

道歉認錯和遺憾經常被混淆，但實際上，兩者的概念截然不同。如果自己沒有錯，則不必爲了息事寧人輕易認錯。沒有骨氣、沒有原則的做法，不可能帶來多少好處。

敢於道歉是一種勇氣，也是有教養的表現，道歉能使友人和好、化敵爲友；也能使陷入僵局的人際關係重新獲得進展；更能使家庭和睦、彼此愉快、工作順利、同事融洽相處。

它是一種高明的說話技巧，人際關係中必不可少的潤滑劑。

說話謹慎才能明哲保身

人性是複雜的，掏心掏肺或許可以代表你的真誠和熱情，但是難保別人不會利用你的弱點，將你玩弄於股掌之中。

　　我們生活在一個龍蛇混雜的社會中，每天都因為生活上或工作上各種原因與形形色色的人打交道。

　　在公司裡，身為中階主管的你，除了必須面對上司、同事、客戶，還必須面對眾多的下屬。

　　穿梭在這麼多不同的人之中，想要遊刃有餘地處理好各方人際關係，讓每一個人都能在自己的位置上充分發揮才能，為公司盡一份心力，的確需要非凡的交際手腕和管理才能。

　　你必須明白，良好的人際關係，對你的工作有著不可低估，推波助瀾的作用。不只是身居主管職，任何一個上班族都應該學會處理好各種關係，沒有半點馬虎，無論在什麼環境和條件下都是如此。

　　有的人因為不懂得人際關係的技巧，以至於總是無意中得罪人，花了大量的精力，做了比別人更多的努力，卻仍然得不到升遷的機會。

　　那麼，如何處理好與上司的關係？如何使部下更能發揮潛力？使你在工作中如魚得水，在人際關係上左右逢源呢？

　　不妨回過頭來想想，你是否曾經有過話說到一半，對方的表

情卻突然冷下來的經驗？

　　就算事後知道，原來自己當時說了一句不該說的話，但此時，雖然你想向對方表達歉意，可是由於事過境遷，也不曉得該如何提起了。

　　別忘了一個重點，平時與人交往，不論是上司、下屬，認識和不認識的人，都必須謹言慎行，不要一下子把心掏出來，該說的與不該說的統統全盤托出。

　　要知道，人性是複雜的，掏心掏肺或許可以代表你的真誠和熱情，但是難保別人不會利用你的弱點，將你玩弄於股掌之中。

　　即使對方是你十分熟悉的同事，在工作場合中，也應該視周圍的環境和氣氛選擇談話的主題與內容，不是任何話都可以說的。

　　休息之時也應注意，儘量避免嬉鬧，以及談論與工作無關的事情。否則很容易讓上司或老闆留下不好的印象，甚至因此被炒魷魚。

　　未了避免屆時欲哭無淚，所以必須從現在開始就嚴格要求自己，以免到時後悔莫及。要知道，說錯話形同覆水難收，是無法彌補的，不可不慎！

不吐不快，只會讓你受傷害

 喜歡直話直說的人，很多時候常被人利用來揭發內幕或攻擊他人，自然會成為別人的眼中釘，被排進報復排行榜。

在不少場合，實話是不能直接說出來的。

雖說做人不必時時虛偽應酬，但直話直說、毫無顧忌的說話方式，畢竟僅止於理想狀態中的人際交往模式。在實際情況中，直言直語往往很容易刺傷別人，也讓自己損失人緣。

王明是某公司中級職員，他的心地是大家公認的「好」，但卻一直無法獲得升遷。反觀和他同期進公司的同事，每個人不是已經外調獨當一面，就是成了他的頂頭上司。

再者，雖然每個人表面上都稱讚他「好」，但他的朋友卻很少，不但下了班不曾與同事有過聚會，在公司裡也常常是獨來獨往，似乎不太受歡迎的樣子。

事實上，王明的工作能力並不差，也有相當好的觀察分析能力。問題是，他總是說話直率不加修飾，因而直接或間接影響到他的人際關係。

像王明這樣喜歡直話直說的人，說話時常只看到現象或問題，也常常只到自己「不吐不快」，很少考慮到別人的立場、觀點和

感受。

　　當然，他的話也許是一派胡言，但也有可能是一針見血，不過無論何者，都會讓人覺得心裡不舒服。

　　若是一派胡言的直言直語，對方就算知道，但也不好當場發作，只好悶在心裡；如果是一針見血的實話，因為是直指核心，更容易讓當事人做出自我防衛式的反擊，若對方招架不住，恐怕也會因此懷恨在心。

　　換句話說，一味直言不論是對人或對事，都會讓人受不了，連帶讓你產生人際關係障礙。

　　別人寧可離你遠遠的，以免一不小心就聽到你的直話直說；如果不能離你遠遠的，那麼就要想辦法把你趕得遠遠的，才能夠讓自己眼不見為淨，耳不聽為靜。

　　而且，喜歡直話直說的人，一般都具有「正義傾向」的性格特徵。由於這樣的人言語殺傷力很強，所以很多時候常被人利用來揭發內幕或攻擊他人，以達到某種目的成了犧牲品。

　　因為，就算成功了，也是鼓動你的人坐享其成，你卻分不到多少好處；要是不成功，你自然會成為別人的眼中釘，被排進報復排行榜。

直話直說最容易造成不良後果

直話直說，有時就像一把鹽撒在別人的傷口上，讓人痛苦不已，為了不傷害別人，也不傷害自己，同時建立起良好的人際關係，這點務必要注意。

　　阿華原來是個性格耿直、有話直說的人，因此被主管看重，升為小組長。

　　有一年，主管派阿華到公司人事課去整理檔案，面對一堆堆檔案，阿華一開始還整理得蠻起勁的，但看到後來，卻慢慢覺得不寒而慄。

　　因為那些檔案裡面，有不少人只是因為說了一句不該說的話，或者是發發牢騷，就從此被打入冷宮。

　　經過這場「震撼教育」，阿華就像是換了一個人似的，再也不跟主管頂嘴，上面說東，他絕不說西。另外，為人處事也變得圓滑起來，無論什麼事情，都不再過去那樣將是非對錯弄得黑白分明。

　　耿直的阿華，成了老成世故的角色。變化後的性格，對他的前程是有利還是有害，這很難定論，不過有一點卻是可以預測的：世故的阿華犯錯的可能性極小，更不可能禍從口出。

　　雖說像阿華這樣的人，在同事間一般都不受歡迎，不過話又說回來，說話注意場合、對象，這是任何上班族都應該注意的事。

　　須知在人際交往中，直話直說往往是一把雙面利刃，傷害別人的同時，自己也付出了一定的代價。

　　因此，若你正好具有這種直言不諱的性格，在與人來往時應注意，無論何事，最好避免直截了當地指責他人的不當之處，或是當眾糾正別人性格上的弱點。別以為這是「愛之深，責之切」，在別人看來，這只不過表示你和當事者過不去而已。

　　因此，能不講就不要講，一定要講的話，點到為止即可，而且還要懂得迂迴，千萬不要莽撞行事。

　　直話直說，有時就像一把鹽撒在別人的傷口上，讓人痛苦不已，為了不傷害別人，也不傷害自己，同時建立起良好的人際關係，這點務必要注意。

　　建議你，話到嘴邊時，盡可能先想想說出來的後果，若既不傷人，也不傷己，就但說無妨了。

　　其實在現實生活中，做個自以為是的演講者，還不如做個靜靜傾聽的觀眾。

　　只要懂得與同事保持適當距離，凡事圓滑處理，採取中道而行，謹記「人不犯我，我不犯人」的道理，公平對待每一位同事，避免建立小圈子，做起事來就能更為輕鬆，成為辦公室中的生存者，而非受害者。

面對打擊，要優雅反擊

 不管面對什麼樣的人，柔中帶剛又不失風度的
應對方式都是最好的回應，不只能展現氣度，
也能給予有效的反擊。

　　或許你已經了解了哪些行為是令人反感的，也懂得身為上班
族，在職場中應該如何應對進退才能做到處處圓融，但無論身在
哪種環境，身邊難免還是會有一些討厭的人存在。

　　這些人很可能就是你的朋友、同事或上司；在公開場合，他
們會毫不避諱地提起一些你不想再提的往事或隱私，大談你做過
的傻事和鬧出的笑話。

　　這些當然會使你尷尬萬分，但此時的你不妨保持沉默，想辦
法扭轉局面。

　　如果對方是故意使你處於尷尬窘迫的境地，可能是因為他們
覺得在某方面來說，你的存在你對他構成威脅，或是想報復你曾
經做過得罪他的事；但也很有可能對方只是習慣開玩笑，壓根就
沒有意識到你會因此受到傷害。

　　對於第二種人，我們沒有必要追究他們的所作所為，只要當
面向他指出失禮之處，這些遲鈍的冒犯者通常會向你表示歉意。

　　至於第一類人，就必須根據情形選擇你的應變之道了。

　　面對故意的羞辱，你可以採用比較激烈的方法，遏止這種羞
辱繼續下去。

　　比如：「你已經使我難堪了，不介意的話，不妨告訴我是什麼緣故？」或者：「你似乎話中帶刺，是不是我做了什麼讓你覺得不高興？」

　　無論如何都要避免動怒，千萬別大動肝火，如果自己先失去冷靜，反而會讓對方佔上風，讓周圍的人覺得你器量狹小。

　　可以說，不管面對什麼樣的人，這種柔中帶剛又不失風度的應對方式，都是最好的回應，不只展現出你的氣度，也能給予對方一個有效的反擊。

圓融處世，擴大生存空間

職場局勢詭譎，同事之間存在著種種微妙的利益關係，與每個人都保持一定的距離，才是最安全的。

想要溝通順利，順利達成目的，就必須先看穿對方潛藏的心思，用對方最喜歡聽的話語，準確無誤地傳達自己的意思。

想要提升自己的溝通能力，必須學會說話辦事的具體方法與技巧，才能使自己左右逢源、無往不利。

在一起工作久了，多少會覺得有些人和自己很投緣，有些人就是怎看都不順眼，不論怎麼努力也無法喜歡他，在公司裡往往會因此慢慢形成一個個的小團體，這也是人之常情。

但是，如果你想成為一個成功的上班族，千萬不能輕易以「身為某一群人」自居，必須與每個人都平等往來，否則便無法建立起完整的訊息網絡，得不到全方位的完整訊息，就很難做出正確的判斷，特別是在重大問題上，一旦有所閃失，就前功盡棄了。

另外，每一個公司裡都有能力好的人與能力不佳的人。通常上司會將重要的工作交給有能力的人以示信任，認為能力強的人一定能夠不負重託完成任務。

但是，這一類人多半也容易驕傲自滿，一旦有了驕矜之心就會鋒芒畢露，因而遭到周圍人的嫉妒。

所以，真正聰明的人往往懂得明哲保身的道理，行事低調，

也不會隨便展現實力，讓人看穿自己的底牌。

當然，職場中少不了會有閒言閒語出現。

正當你努力工作時，可能會有人為某些原因在上司面前誹謗你，在同事之間貶低你，遇上這種事肯定會讓人十分難過，但你必須明白，現實就是如此。

只有認清這些小人的醜惡嘴臉，如果不能以其人之道還治其人之身，就得奉行「惹不起但躲得起」的法則，避免自身受到無謂的傷害。

要避免這種事發生在自己身上，就要謹記一件事：人與人之間相處，最忌諱的就是交淺言深，因為它所造成的負面影響，往往讓你後悔不已。

當大家聚在一起的時候，最喜歡談論的通常就是那些不在場同事的是非。一提到這些道人長短、論人隱私的話題，每個人都會顯得興致勃勃，氣氛也會變得熱烈起來。

但是，這類話題卻是是非的根源，不論提起話頭的人是否有惡意，到最後都會變成謠言與批評，等到傳到當事人耳中，往往已被添油加醋，面目全非。

大家都知道道人長短不好，可是卻還是忍不住八卦的天性。然而將心比心，人人都有可能成為被討論的對象，但也沒有人希望自己成為被討論的對象。

因此，當你從他人口中聽到任何蜚短流長時，也不要任意附和，學習做個聆聽者，做到「人不犯我，我不犯人」，避免涉入任何小圈子，對謠言一笑置之，如此才能在職場中永續生存。

你是否有過這樣的經歷？和你很熟的同事興沖沖地跟你分享一個可以爭取升職與加薪的好機會，於是你也高興地和他一起努力了。但是事情完成後，卻只有同事獲得升職與褒揚，同樣辛苦

的你卻全然被忽略。

　　對方將全部功勞據為己有，並在上司面前邀功的小人行徑，一定讓你感到怒不可遏，恨不得立刻揭穿他，但別忘了，衝動行事是不會有什麼好結果的。

　　為了避免遭人利用，建議你，下回遇上類似狀況，在打算接受提議時，就應當把各人所負責完成的部分清楚記錄下來，甚至留下執行過程的種種資料，留待以後作為參考。

　　切記，職場局勢詭譎，同事之間可能存在著種種微妙的利益關係，因此千萬不能輕易與人交心，與每個人都保持一定的距離才是最安全的。

Chapter 12

運用幽默智慧
化解誤會

人際溝通其實一點也不難，

只要我們不情緒化，

能理性並寬容對人，

那麼所有人都會是人際溝通的高手。

運用幽默智慧化解誤會

人際溝通其實一點也不難，只要我們不情緒化，能理性並寬容對人，那麼所有人都會是人際溝通的高手。

在蒸氣浴室裡，有個男子看見正前方有個背朝著他的人，越看越覺得那個人的背影很熟悉，好像是他的一位老朋友。

他心想：「來嚇嚇他！」

於是他慢慢靠近那個「老朋友」的身邊，接著竟狠狠地朝著屁股上打了一大巴掌：「啪！」

被打的人痛得渾身顫動了一下，轉過身來！

「天哪！這……神父，您好啊！」那人一看認錯人了，尷尬地打了招呼。

他連忙低頭道歉說：「對不起，我以為是一位老朋友，請您原諒我，我真沒想到居然是神父您！」

神父笑了笑，回答說：「沒關係，我的孩子！因為，你打的那個地方不是『神父』！」

非常有趣的化解辦法，體貼的神父沒有指責男子的失禮動作，反而笑看這個尷尬誤會，也聰明寬容地解開這個差點凝結的尷尬氣氛，其中的包容寬大，正是我們應當學習的重點，學會聰明笑看生活中這些「意外」的小插曲。

可以得到人們的體諒並包容自己無心的過失，能讓人在生活中能多感受到一些溫暖；反之，若是對方不能即時反應並替我們解圍，只好自己多學學臨機應變的機智。一如下面這位聰明的空服員的反應。

一位空服小姐在機上看見一個有點熟悉的臉龐，心想：「咦，那好像是二伯耶？我怎麼不知道他要搭機呢？」

正忙於整理事物的她，決定等會空兒抽空去和這位許久不見的長輩打聲招呼。

等到發點心的時候，她推著餐車來到那位看似「二伯」的座位邊，卻見他正在休息，於是她用老人家慣用的台語輕喚：「二伯……二伯……」（發音似二八）。

不一會兒，那「二伯」睜開了眼睛，並困惑地看著這個空服員，在此同時，女孩才驚覺認錯人了，但「二伯」已經叫出口了，眼前尷尬要怎麼解呢？

忽然女孩靈機一動，再用台語叫號：「二八、二九、三十，喔，不好意思，吵醒您了，我們要點數人頭，好去準備點心。」

這是可以多元學習語言的趣味，因為讀音相近，也因為意思不同，這些字詞確實給了不少人發揮想像的空間，好像故事中的空服員，運用機智轉「二伯」為「二八」的趣味，讓我們深刻感受到。

不論是華語還是台語，不論是英文字音，還是日文讀音，我們可以東西合併，也能借不同方言的字音引喻，不只能讓人思考更加靈活，也讓人和人之間的溝通多一點潤滑作用。

幽默是人的情感的自然流露，可以直接讓對方卸下原有的心

防，甚至可以像潤滑油一樣，緩和潤原本僵持對立的氣氛。

在這個紛紛擾擾的時代，人與人之間充滿著爭執、衝突、競爭、交戰，許多無謂的爭執衝突，都是溝通不良引起的，這時就需要適度的幽默！

人際溝通其實一點也不難，只要我們不情緒化，能理性並寬容對人，那麼所有人都會是人際溝通的高手，也都會是成就和善社會的重要功臣。

情緒失控只會讓事情更加嚴重

 不是重重反擊就能得到勝利，也不是情緒反應就能把人嚇住，只要不被情緒煽動，我們自然能想出一個絕妙的反擊方法。

　　有個小偷忽然將手伸進貝利的口袋中，敏銳的貝利一發現，連忙伸手將那小偷的手抓住，然後氣憤的看著這個小偷。

　　沒想到小偷十分鎮靜，還笑著說：「喔，對不起，這裡實在太擁擠了，我錯把您的口袋當成了我的口袋啦！」

　　「是這樣嗎？好，沒關係。」貝利微笑著放開了小偷的手，但旋即冷不防賞給他一個大耳光：「啪！」

　　「你……」小偷痛得瞪著他，只見貝利仍帶著微笑說：「喔，真是對不起，我看著你的臉，還一直提醒自己那個人是你，卻不知道怎麼了，還是誤把您的臉當成了我的臉。」

　　貝利機警反應，保住了自己的荷包，但隨即的情緒反應，雖然狠狠給了小偷一個巴掌教訓，卻也讓人不禁為他捏了一把冷汗，因為他逮住小偷偷竊的手並不明顯，但給了對方一個摑掌，卻是引人注目的大動作，不知情的人只看到貝利打了人，卻不知是因為「小偷」先動手偷錢。

　　再想想，若是對方控他傷人，現場那些目擊者不反成了小偷的「證人」？

其實，給人教訓有許多方法，不是重重反擊就能得到勝利，也不是情緒反應就能把人嚇住，好像下面這個故事。

有個出身富庶之家的中年男子，這天在街上閒逛，走著走著經過了一間珠寶店，當他正要走過時，忽然從窗口撇見店內天花板上有個非常華麗的水晶吊燈。於是，男子又折回店門口，然後走進店裡向售貨員詢問：「請問，那個水晶吊燈要多少錢？」

售貨員看了看眼前穿著簡單的男子，心裡判斷著：「這傢伙看起來一點也不怎麼樣，哪有本事買下這個水晶吊燈？肯定是個無聊人來裝闊！」

售貨員心中偏見一起，對男子更是不屑一顧，甚至連開口應付的意願也沒有，只見他對男子不理不睬，臉上還出現了嫌惡的表情。那男子又問了一回，卻始終得不到售貨員的禮貌回應。

忽然，男子舉起手中的柺杖，跟著竟是猛力的朝著天花板上的水晶吊燈重重敲擊，只見那水晶吊燈上妝點的琉璃登時碎落一地。然後，男子回頭對著被此舉嚇得目瞪口呆的售貨員說：「現在，我可以知道這吊燈的價格了嗎？」

把水晶燈打碎，看似讓男子得到了情緒宣洩，也重重回報了售貨員的歧視以及冷漠的態度，但再轉念一想，做這個動作的主角可一點也沒有佔得便宜呀！

美麗的水晶燈就此破碎損毀，同時也折損了這位有錢人的身分地位，原因無他，君子一旦與小人爭鬥，一般情況是，人們對小人早已否定，無論結果如何，也不會增加人們對他的肯定，然而君子表現出的爭鬥醜態，忽然臉色大變，工於心計，那與人們平時的觀感肯定要出現落差，人們自然對君子所為無法諒解，茍

扣其分數當然也在所難免的了。

　　若因此而使我們失去的反而比得到的快感多，那不是太得不償失了嗎？

　　其實，挽回面子的方法很多，擊敗對手的技巧也很多，只要不被情緒煽動，不用情緒化的動作，自然能想出一個絕妙的反擊方法。

　　譬如，故事主角大可不必衝動地把水晶燈打破，只要自在地走出門，然後靠他在地方上的聲望與地位，向人們傳播該店員工服務態度之差，那麼還怕該店老闆不親自帶著該名員工登門道歉！

　　又好像貝利，何必給那小偷一個巴掌呢？大聲對著人們說「他是小偷」，並提醒現場是否其他受害人，然後再把他扭進警局，給他這樣的教訓不是更具積極的作用？

小事糊塗看淡，大事聰明看待

小事糊塗看淡無妨，但大事則要聰明看待，不想一再上當受騙，那麼貪婪心千萬別起，好奇心也別被輕易地挑起。

好不容易等到假日可以好好休息，偏偏老林這時卻感到身體不舒服，本想繼續睡覺的他，還是出門去附近的診所看病。

醫生看診後說沒什麼問題，只給了大小藥丸各一包，然後教他如何服用：「大的吃一顆，小的吃二顆。」

回家之後，老林立刻把兩個兒子叫來，然後餵了大兒子吃一顆藥丸，小兒子吃兩顆。這不只孩子們搞不清楚狀況，就連他自己也覺得困惑：「醫生今天是怎麼搞的，怎麼我生病不用吃藥，卻要叫孩子們吃呢？」

看來老林真的病昏了頭，竟把用藥的方法想成了「大的（兒子）吃一顆，小的（兒子）吃兩顆」，如果身邊人沒有即時提醒他，恐怕接下來再進醫院的人，不會只有他一個，還得再加上他那兩個寶貝兒子呀！

笑看老林的糊塗，也讓人不禁深自省思生活中的聰明與糊塗，有多少人就是因為這麼一個漫不經心，而造成了難以彌補的結果，或是因為一時迷糊輕忽，而跌進了危險深谷？

人生要輕鬆看待，但生活卻得嚴謹前進，好像下面這個老人

家的冷靜理性，無論商人怎麼吹噓，他依然能堅持自己保守的底限。

　　有個禿頭的老人經過一間藥妝店，就在店門口，他看見了一張廣告海報，上頭寫著：「新研發的毛髮激生藥，保證立即見效！」

　　老人看了很心動，於是他走進店裡，問老闆：「請問，聽說您這兒有新研發的生髮藥？那真的有效嗎？」

　　老闆笑著點頭，跟著誇張地撫著自己的一頭長髮，鼓吹老人說：「真的非常有效，你看我這一頭長髮就是因為用了它才長出來的啊！要不要試一試？要大瓶的，還是要小瓶的？」

　　老人點說：「好，一瓶小的就夠了。」

　　「大瓶的比較划算啊！」藥妝店老闆慫恿著說。

　　「我不要大瓶的，我只要小瓶的就好，我只想長點毛出來就夠了，因為我不想有一頭長髮！」老人堅決地說。

　　這老人還蠻可愛的，知道年事已高，不想讓毛髮長出太多，執著選購一瓶小的生髮劑就好了，老人家的精明還算用對了地方，或者他也知道，真實性比好奇心還要重要，雖然老闆誇口他那一頭長髮全靠這生髮劑，但生意人的嘴總是只能相信一半，至於另一半，只能靠自己去證實了。

　　對照第一則故事，其實小事糊塗無傷，但關乎健康或身家財產的時候，我們卻是一點也糊塗不得。

　　回想起現實生活中層出不窮的詐騙案件，多少人不是被自己的一時好奇和糊塗所害，最終讓自己困陷生活的苦境中啊！

　　真有那樣神奇的效用，早在公諸於世就被人們搶著嘗試了，

又怎麼還會偷偷摸摸的告訴你是「限量品」，只有會員才買得到？
又好像賺錢這種好事，真要是能讓人荷包滿滿，他們早躲起來自
己賺了，哪裡輪得到我們一同分享？

　　小事糊塗看淡無妨，但大事則要聰明看待，不想一再上當受
騙，那麼貪婪心千萬別起，好奇心也別被輕易地挑起。

　　面對誘惑，腦筋再多轉一圈，對於心裡「懷疑」的情況，再
多問也多聽，然後才能真正的獲得利益，也真正的繼續累積並守
住我們的財富。

亂開玩笑，後果難以預料

快樂難求，帶動積極的生活態度很不易，只要有一點角度偏差，情緒錯放，人們的心便很容易跟著失去了方向。

　　旅人正在向親友們講述他剛完成的旅程。他說得口沫橫飛，還誇張地說了這麼一個經歷：「當時，有好幾個印第安人把我團團包圍，那情況真是可怕極了！你們知道嗎？我左面站了一個印第安人，右面也站了一個印第安人，前面一樣站了一位印第安人，後面當然也有個印第安人……」

　　「天哪！他們想做什麼？」

　　「當時你心情怎麼樣？」

　　「後來是怎麼解圍的呢？」

　　大家七嘴八舌地追問，沒想到旅人的答案卻是：「後來，我買了一件他們向我推銷的皮革，這才突破他們的包圍。」

　　「呿！」一群人聽到這兒，忍不住給了他一個噓聲。

　　看完了故事，你是否也忍不住跟著人群笑著給主角一個噓聲呢？可仔細想想，生活中像這樣用語誇張的人物好像還蠻常見的，他們習慣一開始就故弄玄虛或虛張聲勢，不只努力想釣人胃口，還拼了命想吸引更多人的目光。雖然這法子十分管用，但如果使用過量，恐怕人們從此對這一類人說的話都要打折了。

　　就對人的信任度而言，這其中總是弊多於利，想一想，如果人們再也不相信我們所說的話，我們又如何重新獲得人們的信任呢？再思考那些被誇張演說所吸引的人們，他們心裡是抱持何種想法？看看下面這個例子，相同的誇張開始，相似的無厘頭結局，讓人不禁對一開始便抱著信任且高度興趣的聽眾感到憂心。

　　有個男子神色自若走進一間酒吧，冷靜地對女服務生說：「吵架之前，請給我一杯可可！」

　　女服務生一聽，趕忙遞給他一杯可可，但過了幾分鐘之後，那個人卻一點動靜也沒有，女服務生心想：「是開玩笑的吧！」

　　但就在她轉念猜想的時候，那個男子又叫來女服務生說：「吵架之前，麻煩先給我一份牛排和炸薯條。」

　　女服務生聽了，心想：「想等飽足後再大幹一場嗎？那他的仇家呢？」

　　這女服務左右張望了一下，然後趕忙去將這「老大」要的餐點送來。就這樣又過了十分鐘，現場依然什麼事也沒發生，女服務生忍不住好奇上前問道：「先生，你一直說要吵架是怎麼回事啊？到底什麼時候會發生呢？」

　　男子吞下最後一塊牛肉，然後笑著說：「馬上就開始了！」

　　「真的嗎？」女服務生還是有些懷疑並且開始有點緊張了。

　　就在這時候男子這麼補充：「因為，我沒有錢付帳啦！」

　　這若用於影視劇情倒還情有可原，畢竟挺有戲劇效果的，但是若發生在現實生活中，恐怕有許多地方有待檢討。

　　例如，這幾年新聞記者在報導新聞時，單純的事件總被誇張地加油添醋，問題核心常常失了焦。

　　這種行徑就像故事中的女服務生一般，只顧著提供男子所需要的東西，卻不想探討問題的核心，反而以有些八卦又好事的心態等待著爭執的發生。

　　面對這種狀況，我們又怎能怪環境變壞了呢？

　　試想，若不是人們多事把問題複雜化，若不是人們老想著多添點話題新聞來娛樂，社會又怎麼會如此糟亂？

　　想增添生活的趣味，誇張故事情節不失是一個好方法，只要無傷大雅，只要是趣味自嘲，我們當然可輕鬆笑看。可是，如果像第二則故事一般，想著的卻是「鬧事」或製造社會的不安，我們便得嚴肅思考。畢竟，很多時候這一類情況到走最後經常是傷人的結果。

　　想要提昇自己的處世競爭力，做人做事一定要講究策略和技巧，幽默的話語不只可以替自己解圍，同時也可以是輕鬆溝通的工具。幽默要用在對的地方，我們可以用來增加生活趣味，可以用來軟化人心的冷漠，但切莫用在製造社會緊張與人心鬱結的事件上。因為快樂難求，帶動積極的生活態度很不易，只要有一點角度偏差，情緒錯放，人們的心便很容易跟著失去了方向。

想解決問題，就要簡化難題

將事情複雜化無助於我們找出問題原因，唯有簡化思考，才能輕鬆地抽絲剝繭，找出問題的核心。

主教來到非洲傳道，到達的首日，行程只有一場祈禱儀式要主持。

來到現場，由於椅子不夠，主教只好坐在一個木製的肥皂箱上。儀式才開始不久，那木箱便承受不了主教的體重，慢慢地發出崩壞裂開的聲音，不一會兒便見主教整個人跌坐在地。

「我的天……」主教痛得輕呼了一聲上帝，但旋即他卻發現教堂內一片肅靜，絲毫騷動或竊笑的聲音都沒有。

儀式結束之後，主教感動地對著該教堂的神父說：「你們這裡的人真有禮貌，教養真棒！」

誰知，神父卻說：「您太客氣了，不過，我得老實告訴您，事實上我們全都以為那是儀式的一部分！」

這個看似無知的想法，其實突顯當地人們的單純樸實。當主教從箱子上跌落，不見人們暗暗竊笑，我們卻可以隱約間聽見了他們的真誠心意：「無論如何，在這嚴肅的場合上，不能有一點輕佻怠慢的行為出現，唯有最虔敬的態度才能得到心的踏實！」

為了讓自己保持一顆簡單的心，有些話不必非得說盡，有些

真相也不是非得說破，有一點保留，有一點距離，有些時候反而更能減少彼此的負擔，好像下面的這個故事。

「拉比，雨是怎麼產生的？」一個村民問。

「雲就好像一塊吸飽了水的大海綿，風一吹，雲跟雲之間就會你擠我、我擠你，接著水就被擠出來啦！」拉比用很簡單的例子解釋。

「是嗎？那你有什麼證據可以證明雲就像你說的那樣呢？」沒想到村民雞蛋挑骨頭，偏要拉比證明給他看。

聰明的拉比點了點頭，然後指著天說：「你看，現在不就在下雨了嗎？」

其實只要翻閱科學書籍，我們便能輕易了解雨的成因，但複雜的科學解釋，有些時候卻也讓人少了許多想像的空間，不是嗎？

凡事不必想得太過複雜，雲像一塊海綿，也能像一個棉花糖，雨的成因可以說是上天的淚水，也可以說是神佛的汗滴。只要我們簡單地想像，不只能豐富生活的趣味，更讓我們多得了一份輕鬆無負擔的思考空間。

神父的跌跤不是故事的重點，當地人們純樸的心才是我們要學習的；而拉比解釋雨的發生，雖然無法更明確證實落雨的情況，但想像卻也帶動了我們的思考。生活中有許多解釋不完的成因與情況，將事情複雜化無助於我們找出問題原因，唯有簡化思考，才能輕鬆地抽絲剝繭，找出問題的核心。

藉口無法掩飾逃避的念頭

 藉口理由都只能隱藏一時，與其假裝勇敢，隱藏心裡的擔心害怕，不如坦白面對，反而更能迸發出自己身上的潛藏力量。

一個神父正趕搭著馬車要去參加一場宴會，出城之後不久，車子便來到了一個非常陡峭的山坡上。

神父看著車外危險的地勢，竟緊張得渾身發抖，於是急忙叫車伕停車，然後連忙從車廂跳了出去。

車伕問道：「神父，你為什麼要下車步行呢？」

「因這坐起來感覺很不安全，好像隨時都會翻倒！」神父有些埋怨地說。

車伕一聽，有些不太高興地說：「你這麼說怎麼對，別忘了你是神父啊！上帝不是與你同行嗎？你不是說上帝隨時都和你在一起嗎？你害怕什麼呢？」

神父平靜地說：「唉，你聽我說，要是馬把車弄翻了，而我不幸摔死了，你知道結果會怎麼樣嗎？我和牠都將到另一個世界，而我也會到法庭上控告這匹馬謀殺，當然，最終我一定會勝訴。」

車伕聽了，點了點頭，雖然心裡覺得這個說法有些可笑，但他還是相信了「神」的代言人的話！

「你現在知道，我為什麼爬出來了吧？因為，我一點也不想

與一匹馬打官司呀！」神父溫柔慈祥的說。

從一開始的擔心害怕，到後來的掩飾恐懼，雖然理由牽強，但習慣把一切問題歸給天父上帝的西方人，在這一個尷尬場合中也算把幽默用得頗為巧妙，不過若和下面這一例相比，卻仍顯得不夠淋漓盡致。

牧師正在家裡忙著修改禮拜天的演講稿，陪在身邊的小女兒忽然問道：「爸爸，是誰教你寫這篇作文的啊？」

「當然是上帝啊，我親愛的女兒！」牧師微笑地說。

這個回答似乎未能解開女兒的困惑，她又接著問：「上帝嗎？那你為什麼還要塗塗改改呢？」

牧師先是愣了一下，然後又微笑地說：「孩子，這也是上帝的指示啊！」

至始至終都是「神」的旨意，面對女兒的接連質問，牧師倒也把他宣傳信仰的功夫發揮到底，相較於神父因為受到刺激所以急中生智表現出來的理由，後者顯得較為精采。

當然，其中寓意不是在於「宗教」議題上，我們細心援引至生活之中，從另一個角度思考，能夠發現許多人常見的「逃避」問題。

好像第一則故事，神父面對陡坡確實是十分擔心害怕的，但為了面子問題，為了保住自己「神聖」的形象地位，硬是編造了一個「審判」的情事，遮掩心中的害怕，其實這又何必呢？

是上帝的旨意也好，是不想在死後還得跟一匹馬打官司也好，藉口理由都只能隱藏一時，卻不能遮掩一輩子。

　　神力始終是虛幻的，我們再怎麼相信神力，也無法證實神的奇蹟，那麼，與其假裝勇敢，隱藏心裡的擔心害怕，倒不如坦白面對，反而更能迸發出自己身上的潛藏力量。

　　一如那些身心殘障者，不正是勇於面對，因而能有所突破，改寫自己的人生嗎？

懷抱感恩心，生活更溫馨

身邊的人若已伸手幫助你脫離困境，那麼後續，應該做的不是繼續等待人們的幫助，而是要學會靠著自己的力量繼續前進。

　　有個人帶了非常多的禮品到經營金飾店的老闆家中，一看見老闆，男子便對著他說：「請您一定要收下，這是我們一家人的一點心意！」

　　對眼前人一點印象也沒有的老闆，不解地問：「先生，我們素不相識，你這麼做讓我很難為，所謂無功不受祿，這禮我沒道理收下啊！」

　　「不，事情是這樣的，因為您救了我小女兒的一命！」男子激動地說。

　　「我？我什麼時候救了你的女兒？」老闆這會兒更困惑了。

　　「真的，您真的救了我的女兒。您知道嗎？那天我女兒吞下在貴店買的一只『金戒指』，有『金』保佑，她沒有死啊！」男子仍然情緒激動。

　　「是這樣嗎？那麼……願上帝永遠保佑她！」老闆聽了不知道要怎麼回應，只得尷尬的回以祝福。

　　「還有，貴店金戒指的保佑啊！」男子又再次提醒是金戒指的功勞。

吞下了金戒指還能活命，對家人們來說確實是個奇蹟。他們不管情況如何，滿心充滿感恩，只想著要報答回饋，其中蘊含的不只是他們簡單善良的心思，還滿滿的表現出他們對女孩的珍視與疼愛。

正因為滿心疼愛女孩，所以他們感激能保全女兒性命的每一個人，包括打造那只金戒指的店老闆，動作雖然誇張，這卻也給了我們不少感想，在這個急於「怪責他人」的社會風氣中，在這個常見把責任「推給別人」的社會現象中，有多少人能像故事中的父親，心懷感恩的面對所有人事物呢？

正如我們看到的許多場景，更多的人只會怨怒錯買了「戒指」，讓女孩吞嚥受傷，像下面這個故事一樣，不能感念人們先前的付出，只知道怪責人們之後表現的不足。

今年天雨不下，各地旱災頻傳，農地無法耕種，於是村民們提議：「走，我們快去請拉比祈雨，請他向老天爺求求情吧！」

拉比應村民們的請託，祈禱天雨下來，兩三天之後……

「下雨了，真的下雨了，拉比太厲害了！」村民們驚呼道。

可是，村民們的興奮持續不了幾天，因為旱災不再，卻來了水災！天上的雨自從落下後便沒停過，一連下了一個多月，始終不見天日，村民們這下子又得請拉比出面幫忙了。

「拉比啊！求求你向老天爺拜託，別再下雨了啦！」村民哀求說。

拉比答應了，但祈了快半個月，太陽公公始終不肯露臉。

「拉比，你到底有沒有好好向老天爺祈求啊？」村民怨聲載道，紛紛怪責拉比不夠用心。

拉比的門徒出來解釋：「你們錯了，你們要知道，拉比才剛

接任，他還非常年輕，雖然求雨沒問題，可要如何讓雨停，他卻還沒有學會。」

雨真的下了，然而這一度喜悅感謝的心，卻因為雨停不了，轉眼變成憤怒埋怨，若是天人真能交流，或許也要替拉比感到不值吧！

我們都知道天地變化原本就難以預料，雖然祈求風調雨順，求的也是一份希望，根本沒有人真能控制得了雲雨變化，即使科學家們也未敢誇口能控制大地氣候的變化，不是嗎？

不說怪力亂神的可能性，單就人心來探討，引用第一則故事的感恩心態，來比較第二則故事的人性自私面，隱約間，我們似乎也聽見了拉比的感慨：「世上懂得感激的人不多，多半都是一些期待別人能為他們付出更多的人，這一類人對於你的付出總認為是理所當然，少付出一點便成了不該，做人最為難的地方，便是疲於應付這一類的人啊！」

看了拉比的景況，再靜思金飾店老闆的情況，便想起證嚴法師的一句話：「一個常懷感恩心的人，不易陷入絕境。」

生活既是一種心靈的光合作用，也是一種心靈的享受。

要想活得快樂，就必須樂觀知足，熱愛自己生命中的一切，並且懂得感恩，時時懷著一顆感恩的心。

當你遇到困難時，身邊的人若已伸手幫助你脫離困境，那麼後續，應該做的不是繼續等待人們的幫助，而是要學會靠著自己的力量繼續前進，並在自己有餘力的時候，去幫助情況更糟於你我的人！

態度謙卑，讓事情圓滿解決

很多時候，卑躬屈膝不代表我們受了委屈，而是對工作的一種負責態度，想讓事情圓滿解決，讓工作任務能早一點達成。

有個鄉巴佬花了大半輩子很辛苦的存了一筆錢，今天他決定要好好的犒賞一下自己，方法是到大城市裡尋找新體驗，而他第一個想體驗的便是到著名的大飯店裡住上一晚。

計劃實行的那天，他一走進飯店大廳，便聽見他驚呼連連：「哇！這大廳如此漂亮豪華，真不愧是城裡的飯店！」

跟著服務人員的腳步，他來到櫃台辦理住宿手續，然後按著服務員指示，興致勃勃地朝著夢想中的飯店「大套房」走去。

沒想到，服務人員才剛轉身接完電話後，卻見那鄉巴佬氣沖沖跑到他的面前，很不客氣的質問：「我不住了！那是什麼鬼房子啊！我花了那麼多錢，你們居然給我那樣的房間，比我老家還差的生活空間，那看起來只有碗櫃那麼大，最多也只能放一張折疊椅，什麼嘛！快退錢，我回家睡還比較舒服！」

服務人員一聽，看著他指的方向，差點沒笑出聲，只見他忍住笑意，解釋說：「喔，先生，您搞錯了，那是電梯！不如讓我帶您到您的房間吧！」

儘管鄉巴佬賣弄聰明鬧笑話，但怎麼說都是第一次，出錯也

情有可原，反觀服務人員有禮的態度和專業的解釋，才是值得我們討論的地方。

服務他人原本就不該分角度，該低頭的時候要謙卑低頭，被要求抬頭的時候就抬頭仰視，無關人格問題，只是專業的「服務態度」。

真正優秀的服務人員始終不會忘記「謙和的態度」與「服務的精神」，一如故事中的飯店服務員，不只沒嘲笑對方，還主動提出帶路的建議，這或者正是大飯店成功的原因吧！

他們嚴格要求員工要有服務的精神，讓所有顧客都能有賓至如歸的感受，而這也正是職場中人人應該培養的工作態度。

不過，偏偏有些人的工作態度卻難以如此，好像下面這位女行員的工作態度，應該許多人都曾遇見過。

一走進銀行大門，便看見古小姐正坐在入口處，這個位子看起來很不錯，但對古小姐來說卻令她非常討厭，因為許多人一進門便找她詢問。

久而久之，古小姐實在不勝其煩，那張臉也越來越像晚娘的面孔，直到有一天，她突然想到了一個妙計。

第二天，便見她的桌上擺放了一個「此處非詢問處」的牌子，這告示寫得非常清楚明白，古小姐心裡想：「大家應該都識字吧！」

但是，每個上門的客戶依舊向她詢問，只是問題只有一種：「小姐，請問詢問處在哪裡啊？」

以為「責任」可以推開，沒想到最後還是得由自己擔，那多此一舉的告示牌，或許更顯示出這位女行員面對工作的態度。

生活中我們不也常見像這樣「不耐煩」的面孔，或者在你我之中，有人也正抱持著類似的工作態度在生活？

那為何不能給自己一個快樂工作的氣氛呢？沒有一個工作是不需要接觸人群的，很多時候，表現謙卑不代表我們受了委屈，而是對工作的一種負責態度，想讓事情圓滿解決，讓工作任務能早一點達成。

簡單來說，只要我們心裡不覺得委屈，而是可以微笑迎接，包容面對，那麼工作之於我們，都是享受生活的機會。一如故事中的女行員，如果她不斤斤計較多得的工作負擔，而是能快樂付出，也專業服務，相信漸漸的她會發現：「原來，跨向成功的機會就在這人群之中！」

孫子兵法
厚黑筆記 人性博弈篇

You must know these ways
to live in society

你不能不學
的人性
厚黑兵法

《戰爭論》作者克勞塞維茨曾說：
任何一次出其不意的攻擊，
都是以詭詐為基礎。

的確，活用智慧，才能為自己創造更多機會。
想在人性戰場上克敵制勝，
「詭詐」絕對是你必須具備的人性潛技巧。
《孫子兵法》也強調「出奇制勝」，因為與競爭對手正面衝突，
必然會造成自己的損傷，必須根據不同的情勢靈活運用智謀，
出其不意、攻其不備，才能為自己創造更多機會，
以最小的代價獲取最大的利益。

王照 著

生活講義

138

用舌頭代替拳頭全集

作　　　者	文彥博	
社　　　長	陳維都	
藝術總監	黃聖文	
編輯總監	王　凌	
出版者	普天出版家族有限公司	
	新北市汐止區康寧街 169 巷 25 號 6 樓	
	TEL / (02) 26921935 (代表號)	
	FAX / (02) 26959332	
	E-mail：popular.press@msa.hinet.net	
	http://www.popu.com.tw/	
	郵政劃撥 19091443 陳維都帳戶	
總經銷	旭昇圖書有限公司	
	新北市中和區中山路二段 352 號 2F	
	TEL / (02) 22451480 (代表號)	
	FAX / (02) 22451479	
	E-mail：s1686688@ms31.hinet.net	
法律顧問	西華律師事務所・黃憲男律師	
電腦排版	巨新電腦排版有限公司	
印製裝訂	久裕印刷事業有限公司	
出版日	2019 (民 108) 年 2 月第 1 版	

ＩＳＢＮ◉978-986-97363-6-7　　條碼 978-986-97363-6-7
Copyright©2019
Printed in Taiwan ,2019 All Rights Reserved

國家圖書館出版品預行編目資料

用舌頭代替拳頭全集／

文彥博編著. —第 1 版. —：新北市, 普天出版

民 108.02 面；公分. - (生活講義；138)

ISBN◉978-986-97363-6-7 (平裝)

CIP◉177.2